W0229185

Anna Tomacek

# Wiener Spezialitäten

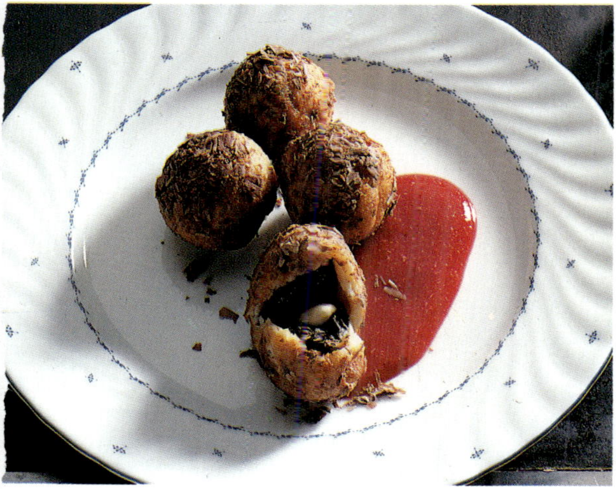

KOMPASS Küchenschätze

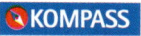

# Ein Wort zuvor

Die Wiener Küche ist die einzige weltweit bekannte Küche, die ihren Namen einer großen internationalen Stadt verdankt. Ihr besonderer Charakter erklärt sich daraus, daß Wien in früherer Zeit die Hauptstadt eines Vielvölkerstaates war. Kaiserlicher Hof und Adel haben mit ihren Ausdrucksformen, Tischsitten und Eßgewohnheiten die Stadt wesentlich geprägt. Die Lage Wiens und die Politik des Hofes ließen im Laufe der Jahrhunderte unterschiedliche Einflüsse wirksam werden. Italienische, türkische, ungarische, böhmische und sogar rumänische Nationalspeisen wurden in die Wiener Küche übernommen und auf den lokalen Geschmack abgestimmt. So stammen das „Gulyas" (Gulasch) und das Paprikahuhn aus Ungarn und das berühmte „Wiener Schnitzel" kommt eigentlich aus Mailand. Der Feldmaschall Radetzky soll von dort im Jahre 1848 das Rezept des „Costoletta Milanese" nach Wien mitgebracht haben. Die Knödel, vor allem die „Palffy"-Knödel (Serviettenknödel) stammen aus Böhmen. Der „Palatschinken" (Pfannkuchen, Eierkuchen) gehört seit dem 19. Jahrhundert zu den Standardgerichten der Wiener Küche. Seine Herkunft ist überaus interessant: aus Rumänien kommend, dort „placinta" = flacher Fladen genannt, machten die Ungarn daraus „palacinta". Die Wiener übernahmen diesen Begriff und nannten die wohlschmeckende Mehlspeise „Palatschinken". Neben diesen länderspezifischen Einflüssen gibt es eine Reihe von typischen Speisen, die sich in Wien einen hohen Rang in der Küche erobert haben. Hier seien insbesondere der Tafelspitz, der Wiener Zwiebelrostbraten und die berühmte Sachertorte erwähnt. In diesem Buch finden Sie eine Vielzahl traditioneller Rezepte, beispielsweise Suppen, verschiedene Fisch-, Fleisch- und Geflügelgerichte, Beilagen sowie süße Mehlspeisen, Gebäck und zuletzt die Kaffeespezialitäten.

An einigen Stellen ist auch die Herkunft des jeweiligen Rezeptes beschrieben. Auf den folgenden Seiten finden Sie zunächst besondere Wiener Spezialitäten. Danach werden küchen- sowie kochtechnische Begriffe erklärt und vor dem eigentlichen Rezeptteil dient ein kleines „Küchenlexikon" als Sprachführer durch die Stadt. So fällt es Ihnen sicher leicht, die Wiener Küche in ihrer Vielfalt kennenzulernen und mit Freude nachzukochen. Dabei wünsche ich Ihnen stets gutes Gelingen.

Ihre

Anna Tomacek

# Inhalt

# Die besonderen
# Wiener Spezialitäten

Die Bundeshauptstadt Wien wurde im Laufe der Jahrhunderte zum Zentrum einer reichen und vielgestaltigen Kochkunst. Im Prozeß des Zusammenwachsens verschiedenster Nationalitäten entwickelte sich die Wiener Einwohnerschaft zu einem bunten Völkergemisch. Dennoch gelang eine verblüffende Verschmelzung von „Kochtopf und Kultur". Dies zeigt sich an der reichhaltigen Palette der Wiener Küche. Sie liebt klare **Suppen** mit verschiedenen Einlagen. Dabei steht die Zubereitung einer kräftig abgeschmeckten **Rindssuppe** im Mittelpunkt, die nicht nur als Suppengrundlage vielfach Verwendung findet, sondern auch als Flüssigkeitszugabe für andere Gerichte oftmals benötigt wird. Zeit haben und warten können sind die ersten Voraussetzungen für ein gutes Gelingen. Ebenso wichtig bleiben die guten Zutaten, insbesondere das Fleisch mit „Zuwage", also der Rindsknochen. Mit den liebevoll ergänzten Einlagen, wie beispielsweise den aus Mehl und Ei gebackenen **„Schöberln"** oder den **„Grießnokkerln"** entstehet eine gehaltvolle Vorspeise.

Auch das Angebot an **Fisch,** vornehmlich als Süßwasserfisch, auf den Wiener Viktualienmärkten, ist reichhaltig. Besonders beliebt ist der **„Fogosch"** (ungar. Bezeichnung für Zander). Wird er aus der Donau gefangen, so nennt man ihn „Schill". Daneben sind auch **Hecht** und **Karpfen** beliebt. Vielfältig sind und bleiben die **Fleisch**gerichte. Sicher wird in Wien mehr davon verzehrt, als anderswo. Daher ist den Fleischgerichten ein besonders breites Kapitel gewidmet. Der großen Wiener „Rindfleischkultur" verdanken viele Rezepte ihren Ursprung. Die Portionen sind stets reichlich bemessen. Etwas vom Besten ist ohne Zweifel der **„Tafelspitz"**- ein besonders Stück der Rindshüfte, der gerne mit „Apfelkren" (Apfel-Meerrettich) serviert wird. Die Geschichte belegt, daß der Tafelspitz zu den Lieblingsgerichten von Kaiser Franz Joseph I. gezählt hat. **Lungenbraten** und die **Rostbraten**- Varianten wie Zwiebel-, Vanille-, oder „Esterházy-Rostbraten" sind ebenfalls gerngegessene Rindspezialitäten. Aber auch die **„Stelzen"** (Haxen) gehören zur Wiener Küche wie das **Gulasch** (ungarisch: „Gulyás") oder das dünngeklopfte **„Wiener Schnitzel"**. Genauso typisch sind **„Beusche!"** - ein Schmorgericht aus Kalbslunge und die **Geflügel**spezialitäten wie **„Backhendl"** und **„Paprikahuhn"**. Zum Fleisch gehören **Beilagen** wie der „Vogerlsalat" (Feldsalat), die „Fisolen" (Bohnen), der „Karfiol" (Blumenkohl) oder die gehaltvollen Knödel.

Ob warm oder kalt serviert - einen besonderen Stellenwert in der Wiener Küche haben die **Mehlspeisen**. Die vorwiegend sättigenden Gerichte der bäuerlichen Küche haben sich in der Hauptstadt zu Gebilden aus Schaum und „Schnee" (geschlagenes Eiweiß), Zucker sowie anderen Zutaten verwandelt und sind nicht mehr Haupt- sondern Nachspeise.

Als besondere Kreation der Wiener Küche gelten die **Koche**, die eine Art Auflauf darstellen und im Backrohr (Backofen) zubereitet werden. **Weinkoch, Scheiterhaufen** und **„Kipferl"- Koch** sind drei bekannte Beispiele. **Palatschinken** mit verschiedenen Füllungen sind als Mehlspeise genauso beliebt wie der berühmte **„Alt-Wiener Apfelstrudel"**, der **„Kaiserschmarrn"** oder die **Germ** (Hefe)- **Knödel** mit Mohn. Begehrt ist aber auch **Schmalzgebäck**. Hier seien besonders die Krapfen, „Schlosserbuam" und „Waschermadln" erwähnt, allesamt typische Gebäcke der Faschings- bzw. Fastenzeit.

Das letzte Kapitel dieses Buches ist dem **feinen Gebäck** gewidmet. Wer kennt nicht die mürben **„Wiener Vanillekipferl"** oder den saftigen **„Kaiserguglhupf"** (Napfkuchen) oder aber die weit über die Stadtgrenze hinaus bekannte **„Sachertorte"**. Die Wiener essen und trinken gerne, der **Kaffee** ist jedoch weit mehr als nur ein Getränk, er gehört zur Tradition. Man genießt ihn am liebsten in einem der vielen Kaffeehäuser. Je nach Geschmack bestellt man sich dort beispielsweise eine **„Melange"** (Milchkaffee), meist mit einer Haube aus Schlagobers (Sahne), einen **„Einspänner"** (doppelter Mokka mit Schlagobers) oder man bevorzugt den **„Türkischen"**, serviert im passenden Kännchen. Gleich, wozu man sich auch entscheidet, zum Genießen gehört die Gemütlichkeit und die findet man auch heute noch in dieser wunderschönen Stadt.

# Die wichtigsten Küchenausdrücke

**Ablöschen**    heiße Flüssigkeit aufgießen, z. B. um einen Bratensatz zu lösen

**Abschrecken**    gekochte Speisen, wie z.B. Hausnudeln, mit reichlich kaltem Wasser übergießen

**Abseihen**    in ein Sieb geben und abtropfen lassen

**Austreiben**    Teig ausrollen

**Einbrenne**    Mehlschwitze

**Faschieren**    durch den Fleischwolf drehen

**Gehen lassen**    Germ (Hefe)-Teig mit einem trockenen Küchentuch abdecken und an einem warmen Ort stehen lassen, bis sich das Volumen fast verdoppelt hat

**Legieren**    Flüssigkeit mit Eidotter (Eigelb), Rahm (süße Sahne) oder Butter binden

**Passieren**    durch ein feines Sieb streichen od. drücken

**Raspeln**    grob zerkleinern

**Rasten lassen**    stehen oder ruhen bzw. durchziehen lassen verschiedener Teigarten

**Reduzieren**    Einkochen; Soßen- oder Bratenfonds werden „eingekocht", damit sie geschmacklich noch intensiver werden.

**Schaumig rühren**    Einrühren von viel Luft, um eine möglichst lockere Schaummasse zu erhalten. Am besten setzt man hierzu den Elektroquirl oder die Küchenmaschine ein.

**Unterheben, unterziehen**
   vorsichtiges Vermischen von Teig und Eischnee. Am besten benutzt man hierzu einen Kochlöffel und hebt damit die festere Teigmasse über einen steifgeschlagenen Eischnee, bis alles gut vermischt ist.

**Versprudeln**    Eier verschlagen, verquirlen

**Ziehen lassen**    empfindliche Speisen, wie z.B. Nocken oder Knödel, unter dem Siedepunkt garen lassen

# Kleines Küchenlexikon

| | |
|---|---|
| **Apfelkren** | = Meerrettich mit geriebenen Äpfeln |
| **Backfett** | = Fett zum Ausbacken, z.B. Butterschmalz |
| **Beugel** | = Hörnchen |
| **Beuschel** | = Lunge |
| **Blaukraut** | = Rotkohl |
| **Bratreine** | = Bratgeschirr, meist emailliert |
| **Brösel** | = Abkürzung für Semmelbrösel |
| **Buchteln** | = Hefegebäck |
| **Dampfl** | = Hefevorteig |
| **Eidotter** | = Eigelb |
| **Eiklar** | = Eiweiß |
| **Einbrenne** | = in Butter angebräuntes Mehl |
| **Erdäpfel** | = Kartoffeln |
| **Faschiertes** | = Hackfleisch |
| **Fisolen** | = Bohnen |
| **Fogosch** | = Zander |
| **Frittaten** | = Streifen aus Pfannkuchenteig als Suppeneinlage |
| **Gelbe Rüben** | = Möhren, Karotten |
| **Germ** | = Hefe |
| **G'selchtes** | = geräuchertes Schweinefleisch |
| **Grammeln** | = Grieben |
| **Grießnockerl** | = Suppeneinlage aus Gries und Eiern |
| **Guglhupf** | = Napfkuchen |
| **Häuptelsalat** | = Kopfsalat |
| **Hendl** | = Hähnchen |
| **Kalbsvögerl** | = Rouladen aus Kalbfleisch |
| **Karfiol** | = Blumenkohl |
| **Kelch** | = Kohl |
| **Kipferl** | = kleine Hörnchen |
| **Knödel** | = Klöße |
| **Koch** | = Auflauf |

| | | |
|---|---|---|
| **Krapfen** | = | in Fett ausgebackene, kl. Pfannkuchen |
| **Kraut** | = | Weißkohl |
| **Lauch** | = | Porree |
| **Leberknödel** | = | Klöße aus Leber und geschnittenem Weißbrot |
| **Lungenbraten** | = | Filetstück vom Rind |
| **Marillen** | = | Aprikosen |
| **Nockerl** | = | kleine Klößchen |
| **Obers** | = | süße Sahne |
| **Palatschinken** | = | dünne Eierpfannkuchen |
| **Paradeiser** | = | Tomaten |
| **Powidl** | = | Pflaumenmus |
| **Rahm** | = | saure Sahne |
| **Reine** | = | Bratgeschirr, meist emailliert |
| **Rostbraten** | = | Hochrippe vom Rind, auch Roastbeef |
| **Semmel** | = | Brötchen |
| **Semmelbrösel** | = | Paniermehl |
| **Staubzucker** | = | Puderzucker |
| **Stelze** | = | Schweine- oder Kalbshaxe |
| **Schlagobers** | = | Schlagsahne |
| **Schlegel** | = | Keule |
| **Schmarrn** | = | gebackener, zerteilter Pfannkuchenteig |
| **Schöberl** | = | Salzbiskuit, als Suppeneinlage |
| **Schwammerl** | = | Pilze |
| **Tafelspitz** | = | besonderes Stück vom Rind (Hüfte) |
| **Topfen** | = | Quark |
| **Topfen-palatschinken** | = | mit Quark und Rosinen gefüllte Eierpfannkuchen |
| **Vanillekipferl** | = | feine Mürbteighörnchen |
| **Vogerlsalat** | = | Feldsalat |
| **Wurzelwerk** | = | Gemüsemischung, bestehend aus: Karotte, Petersilie, Porree, Petersilienwurzel Zeller |
| **Zeller** | = | Sellerie |
| **Zwetschken** | = | Pflaumen |

# Kaiserschöberlsuppe

| | |
|---|---|
| 3 Eiklar (Eiweiß) | 1 1/2 l kräftig abgeschmeckte, heiße Rindssuppe |
| 1 Prise Salz | |
| 3 Eidotter | |
| 60 g Mehl | Salz, Pfeffer |
| Butter und Mehl für das Backblech/die Form | gehackte Petersilie |

● Das Backrohr auf 180-200°C vorheizen.
● Die Eiklar mit dem Elektroquirl steif schlagen. Versprudelte (verquirlte) Dotter, Salz und gesiebtes Mehl rasch unterheben.
● Ein kleines Backblech oder eine Tortenform mit Butter ausfetten und mit Mehl ausstauben. Die Masse fingerdick aufstrei-chen und in ca. 12-17 Minuten goldgelb ausbakken. Etwas ausdampfen lassen, dann in Vierecke schneiden.
● Inzwischen die Rindssuppe erhitzen, nochmals abschmecken, auf Teller verteilen, die Schöberl auflegen, mit Petersiliengrün garnieren und sofort servieren.

# Rindssuppe mit Grießnockerln

| Für die Rindssuppe: | Für die Grießnockerl: |
|---|---|
| 1 1/2 - 2 l Wasser, Salz | 50 - 60 g Butter (Eischwer) |
| 20 - 30 g Rindsleber | 1 Ei (ca. 50 - 60g) |
| 1 gelbe Rübe (Möhre) | ca. 100 g feiner Weizen-grieß |
| 1 Petersilienwurzel | |
| 1/4 Stück Zeller (Sellerie) | Salz, weißer Pfeffer |
| 1 Zwiebel | etwas frisch ger. Muskat nach Belieben |
| etwa 800 g Suppenfleisch | etwa 2 l Salzwasser |
| etwa 200 g zerhackte Rinds- und Markknochen | 1 geh. EL frisch gehackte Petersilie |

● Das Suppengemüse putzen, schälen und kleinschneiden. in einen genügend großen Topf geben und mit kaltem Wasser auffüllen, aufkochen lassen, dann salzen. Klein zerhackte Rindsknochen oder dünn geschnittene Markknochen und die feinwürfelig geschnittene Leber dazugeben.

● Weiterkochen lassen, dann erst das kalt abgespülte Suppenfleisch hineinlegen. Den entstehenden Schaum mit Hilfe einer Schaumkelle vorsichtig abheben und die Kochplatte herunterschalten. Leicht „köchelnd" in ca. 2 Stunden garziehen lassen.

● Fleisch und Knochen herausnehmen und die Suppe durchseihen. Das Fleisch separat verwenden.

● Für die Grießnockerl die Butter in einer Schüssel schaumig rühren. Ei, Salz und Grieß sowie Pfeffer und nach Belieben Muskat dazugeben. Anschließend die Mischung zum Ausquellen etwa 30 Minuten rasten lassen.

● Mit einem nassen Teelöffel „Nockerl" abstechen und vorsichtig in reichlich kochendes, gesalzenes Wasser geben. Die Kochstelle herunterschalten und die Nockerl zugedeckt in etwa 15-20 Minuten garziehen lassen.

● Mit Hilfe einer Schaumkelle herausheben, auf Tellern verteilen und mit der heißen, gut abgeschmeckten Rindssuppe anrichten. Mit gehackter Petersilie servieren.

# Frittatensuppe

Frittatenteig:

80 - 100 g Mehl

1 Prise Salz, 1 - 2 Eier

100 - 125 ml Milch

etwas Mineralwasser

3 - 4 EL Backfett zum Ausbacken(z.B. Butterschmalz)

● Das Mehl mit dem Salz in eine Schüssel sieben. Die Eier hineinschlagen. Milch mit Mineralwasser mischen und langsam unter beständigem Rühren, zu einem geschmeidigen Frittatenteig verarbeiten.

Suppe:

1 1/2 l kräftig abgeschmeckte, heiße Rindssuppe

Salz, Pfeffer, gehackte Petersilie oder Schnittlauch

Hierzu am besten den Elektroquirl einsetzen. Anschließend den Teig etwa 30 Miniuten quellen lassen.

● In einer Omelettenpfanne das Backfett erhitzen. Mit einem Schöpfer

12

etwas von der Masse hineingießen, die Pfanne schwenken und somit die Masse dünn auseinanderfließen und kurz anbacken lassen, dann wenden und die andere Seite goldgelb fertigbacken. Den restlichen Teig auf gleiche Art zubereiten.

● Die Frittaten zusammenrollen und in dünne Nudeln schneiden.
● Auf vorgewärmte Suppenteller oder -tassen verteilen und mit der heißen Rindssuppe übergießen. Jede Portion mit gehackter Petersilie oder Schnittlauch garnieren.

# Lungenstrudelsuppe

Für den Strudelteig:
150 g Mehl

etwas Öl, Essig

1 Prise Salz

1 Eidotter (Eigelb)

ca. 60 ml Wasser

1 Ei zum Bestreichen

Für die Fülle:
250 g gekochte Kalbs- oder Schweinslunge

1 mittlere Zwiebel

etwas geh. Petersilie

20 - 30 g Butter, 1 Ei

Salz, Pfeffer, Majoran

1 1/2 l Salzwasser zum Kochen

Für die Suppe:
1 1/2 l kräftig abgeschmeckte, heiße Rindssuppe

Salz, Pfeffer

gehackte Petersilie

● Das Mehl in eine Schüssel sieben. In die Mitte eine Mulde eindrücken. Öl, Essig, Salz und Eidotter dazugeben. Zu einem glatten Teig verkneten, dabei so viel Wasser dazugeben, bis der Teig von mittelfester Konsistenz ist. Von Hand weiterbearbeiten, bis er „seidig" glänzt. Anschließend etwa

30 Minuten zugedeckt rasten lassen.
● In der Zwischenzeit die Fülle vorbereiten. Hierzu die Lunge in feine Streifchen schneiden und in eine Schüssel geben. In Fett geröstete, feingehackte Zwiebel und Petersilie dazugeben und Ei, Pfeffer, Salz sowie Majoran einrühren.

● Den Strudelteig auf einem großen, bemehlten Tuch sehr dünn ausrollen und mit der Hand vorsichtig nach außen ziehen. Die dickeren Teigenden wegschneiden.

● Die Fülle auf zwei Drittel der Teigfläche verteilen. Durch Anheben des Tuchs rollt man den Strudel dann zur freien Seite hin, die vorher mit versprudeltem Ei bestrichen wurde.

● Nun den Strudel mit Hilfe eines bemehlten Kochlöffels in kleine Stücke zerteilen, mit dem Messerrücken durchschneiden und die Ränder fest zusammendrücken. In reichlich kochendem Salzwasser etwa 12-15 Minuten lang garziehen lassen.

● Mit einer Schaumkelle herausnehmen und in Suppentassen oder -tellern anrichten. Sofort mit heißer Rindssuppe, die gut abgeschmeckt wurde, begießen und mit gehackter Petersilie bestreut servieren.

# Milzschnittensuppe

| | |
|---|---|
| Für die Milzschnitten:<br>1 kleine Zwiebel | 2 Semmeln (Brötchen)<br>oder 150 g Weißbrot |
| etwas gehackte Petersilie | 100 g Fett zum Ausbacken<br>(z.B. Butterschmalz) |
| 20 g Fett zum Anrösten | Für die Suppe: |
| 30 g Butter | 1 1/2 l kräftig abge-<br>schmeckte Rindssuppe |
| 1 Ei | gehackte Petersilie nach<br>Beliebe |
| 70 - 80 g Rindsmilz | |
| Salz, Pfeffer, Muskatnuß | |

● Feingehackte Zwiebel und Petersilie in Fett anrösten, dann abkühlen lassen. Butter mit Ei schaumig rühren, feingeschabte und passierte Milz sowie Salz, Pfeffer und Muskatnuß dazugeben. Diese Mischung etwa 1/2 cm dick auf dünne Semmel- oder Weißbrotschnitten streichen.

● Mit der belegten Seite in das heiße Backfett geben

goldbraun ausbacken. herausnehmen, gut abtropfen lassen und noch warm in heißer Rinds-

suppe anrichten. nach Belieben mit frisch gehackter Petersilie bestreuen. Sofort servieren.

# Paradeissuppe (Tomatensuppe)

| | |
|---|---|
| 1 mittlere Zwiebel | Salz, weißer Pfeffer |
| 1 kleine Petersilienwurzel | 1 Prise Zucker |
| 30 g Butter | etwas trockener Rotwein |
| 500 g reife Paradeiser (Tomaten) | 1 EL Zitronensaft |
| 40 g Butter, 30 - 40 g Mehl | 2 - 3 EL Sauerrahm (saure Sahne) |
| 3/4 l kaltes Wasser | |
| 1/2 l kräftig abgeschmeckte Rindssuppe | gekochter Reis nach Belieben |

● Zwiebel und Petersilienwurzel schälen, fein würfeln und in der Butter anrösten. Die Paradeiser heiß überbrühen, häuten, kleinschneiden und mitdünsten. Anschließend durch ein grobes Sieb passieren.

● In einem größeren Topf die Butter schmelzen, das Mehl einrühren, etwas andünsten, dann langsam das Wasser dazugeben und mit Hilfe eines Schneebesens kräftig verschlagen. Mit Rindssuppe auffüllen und unter beständigem Rühren einmal aufkochen. Auf niedriger Stufe etwa 15-20 Minuten weiterköcheln lassen, dann die Paradeisermasse dazugeben.

● Mit Salz, Pfeffer, Zucker, Rotwein und Zitronensaft pikant abschmecken.

● Nochmals gut erhitzen, von der Kochstelle nehmen und den Sauerrahm unterziehen, nach Belieben vorgekochten Reis als Einlage dazugeben.

# Wiener Erdäpfelsuppe

| | |
|---|---|
| 2 gelbe Rüben (Möhren) | 1 l kräftig abgeschmeckte |
| 1/4 Stück Zeller (Sellerie) | Rindssuppe |
| 1 kleine Petersilienwurzel | weißer Pfeffer |
| 1 Zwiebel | 1 - 2 EL Mehl, kaltes |
| 2 - 3 EL Butter | Wasser |
| 500 g Erdäpfel (Kartoffeln) | 6 - 8 EL Sauerrahm (saure Sahne) |
| Salz, etwas Majoran | 1 Knoblauchzehe |
| etwas gemahlener Kümmel | 2 vorgekochte Erdäpfel |
| ca. 1/2 l Wasser | 1 EL geh. Schnittlauch nach Belieben |

● Gelbe Rüben, Zeller, Petersilienwurzel, Zwiebel sowie Erdäpfel schälen und alle Zutaten fein würfeln. Zunächst das Wurzelwerk in heißer Butter andünsten, dann die Erdäpfel dazugeben.

Salzen, mit Kümmel und Majoran würzen und das Wasser angießen. In etwa 35-45 Minuten weichdünsten, dabei gelegentlich umrühren.
● Anschließend die Gemüsemischung durch ein

Sieb passieren, wieder in den Topf zurückgeben, mit Rindssuppe auffüllen und erhitzen.
● Mit Pfeffer würzen und mit in kaltem Wasser angerührtem Mehl binden.
● Nochmals abschmekken, mit Sauerrahm ver-

feinern und die geschälte, durchgepreßte Knoblauchzehe dazugeben. Die zusätzlich vorgekochten Erdäpfel würfeln und die Suppe damit garnieren. Nach Belieben mit feingehacktem Schnittlauch bestreuen.

# Leberknödelsuppe

| | |
|---|---|
| 1 kleine Zwiebel | Salz, Pfeffer, Majoran |
| 30 g Butter | 1 Prise Muskat |
| 1/2 Bund geh. Petersilie | 1/2 Knoblauchzehe |
| 125 g faschierte Rindsleber | Semmelbrösel n. Bedarf |
| 2 altbackene Semmeln | 1 l heiße kräftig abgeschmeckte Rindsuppe |
| 1 Ei | Schnittlauch |

● Die Zwiebel schälen und fein hacken. Die Butter in einer Pfanne erhitzen, Zwiebel und Petersilie dazugeben und unter beständigem Wenden andünsten. Beiseite stellen.
● Die Leber in eine Rührschüssel geben. In Wasser eingeweichte, gut ausgedrückte und dann etwas zerpflückte Semmeln dazugeben. Ei, Gewürze, durchgepreßten Knoblauch und die Zwiebel-Petersilienmischung hinzufügen.
● Alles zu einer geschmeidigen Masse ver-

arbeiten, hierzu am besten der Elektroquirl mit Knetern einsetzen. Sollte die Masse noch etwas weich sein, Semmelbrösel darunter mischen.
● Etwa 30 Minuten rasten lassen. Mit nassen Händen längliche Knödel formen und diese - je nach Größe - etwa 10 - 15 Minuten lang in siedendem Salzwasser garkochen. Anschließend gut abtropfen lassen, in die heiße Rindsuppe einlegen und mit frisch gehacktem Schnittlauch bestreut servieren.

# Gebackener Karpfen

| | |
|---|---|
| 4 Karpfenschnitten à 150 - 200 g | ca. 8 EL Semmelbrösel (Paniermehl) |
| etwas Salz | reichlich Butterschmalz zum Ausbacken |
| 4 - 5 EL Mehl | Petersilie |
| 2 - 3 Eier | Zitronenspalten |

● Die Karpfenstücke kurz kalt abspülen und mit Küchenpapier trockentupfen. An der Hautseite einschneiden, damit sie besser durchbacken können.

● Beidseitig salzen und in Mehl wenden, dann durch die verschlagenen Eier ziehen und mit den Semmelbröseln panieren.

● Das Butterschmalz in einer größeren Pfanne erhitzen, die Karpfenstücke hineinlegen, die Kochstelle herunterschalten und den Fisch von beiden Seiten goldbraun ausbacken.

● Herausheben, abtropfen lassen und mit frischer Petersilie sowie Zitronenspalten garniert servieren.

**Unser Tip:**
Zum gebackenen Karpfen paßt am besten ein „Wiener Erdäpfelsalat". Das Rezept finden Sie auf der Seite 53.

# Fischsulz

| | |
|---|---|
| 200 g gelbe Rüben (Möhren) | 1 Lorbeerblatt |
| 1/4 l Rindssuppe | 800 g Fischfilet |
| 3/8 l trockener Weißwein | 1 Eiklar (Eiweiß) |
| Salz, 6 zerstoßene Pfefferkörner | etwas Zitronensaft |
| 3 Pimentkörner | 8 - 9 Blatt weiße Gelatine |
| 2 Gewürznelken, 2 Wacholderbeeren | 1 hartgekochtes Ei |
| | 5 schwarze Oliven |
| | frisch gehackter Dill |

● Die gelben Rüben waschen, putzen und unzerkleinert in der Rindssuppe in ca. 20 Minuten weichkochen, herausnehmen, abtropfen und erkalten lassen. Weißwein und Gewürze in die Suppe geben und ca. 10 Minuten mitkochen.

● Das Fischfilet kurz kalt abspülen, mit Küchenpapier trockentupfen und in den Sud geben. In ca. 15 Minuten garziehen lassen, dann vorsichtig herausheben und zum Abkühlen beiseite stellen.

● Den Sud durch ein Sieb gießen. Steifgeschlagenes Eiklar untermischen, einmal aufkochen, den entstehenden Schaum abheben, dann den Sud durch ein mit Filterpapier ausgelegtes Sieb oder durch ein Tuch passieren. So wird er schön klar.

● Mit Zitronensaft abschmecken. Eingeweicht, ausgedrückte Gelatine in der heißen Flüssigkeit auflösen. Gut durchmischen.

● Die gelben Rüben, sowie das Ei in Scheiben schneiden.

● Eine kalt ausgespülte Kastenform 1 cm hoch mit der Sulzflüssigkeit ausgießen. Die Form so hin und her bewegen, daß Boden und Seitenwände mit Gelee überzogen werden. Im Kühlschrank erstarren lassen.

● Nun die Form mit Oliven Ei- und gelben Rübenscheiben am Boden und an den Seitenwänden auslegen. Wieder etwas Geleemasse daraufgeben und erstarren lassen. Den grob zerkleinerten Fisch, Dill und die Reste der Garnitur einfüllen.

● Die restliche Flüssigkeit darübergießen. Im Kühlschrank in ca. 4-5 Stunden fest werden lassen.

● Nun die Fischsulz auf eine Servierplatte stürzen. Hierzu die Kastenform kurz in heißes Wasser eintauchen, damit sich das Gelee vom Formenrand löst.

### Unser Tip:

Zur Fischsulz passen am besten geröstete Erdäpfel.

# Feine Hechtnockerl

| | |
|---|---|
| ca. 150 g Weißbrot ohne Rinde | 1 Prise frisch geriebener Muskat |
| 250 g Obers (süße Sahne) | Salz, weißer Pfeffer |
| 1 kleine Zwiebel | 1 l Fischsud (ersatzweise Salzwasser) |
| 2 EL Butter | angemachter Salat und Fischrogen als Garnitur |
| 400 g Hechtfilet | |
| 1 Eiklar (Eiweiß) | |

● Das Weißbrot in kleine Würfel schneiden, mit dem Obers übergießen, durchmischen und einweichen lassen.

● Die Zwiebel schälen, sehr fein hacken und in der Butter glasig dünsten. Abkühlen lassen.

● Das Hechtfilet auf Gräten überprüfen, kurz kalt abspülen lassen, mit Küchenpapier gut trockentupfen und durch die feine Scheibe des Fleischwolfs drehen oder in der Küchenmaschine pürieren.

● Mit der vorgedünsteten Zwiebel, Weißbrot, Obers und Eiklar zu einer geschmeidigen Masse verarbeiten. Mit Muskat, Salz sowie Pfeffer kräftig abschmecken und anschließend kaltstellen.

● In einem größeren Topf den Fischsud oder das Salzwasser erhitzen. Aus der Masse mit einem in heißes Wasser eingetauchten Eßlöffel Nockerl abstechen und diese in die heiße, nicht mehr kochende Flüssigkeit legen.

● Die Kochstelle sofort herunterschalten und die Nockerl in ca. 10 - 15 Minuten - je nach Größe - garziehen lassen.

● Inzwischen die Salatblätter putzen, waschen, abtropfen lassen, kurz in Öl und Essig sowie passenden Gewürzen wenden und auf Tellern anrichten. Die Nockerl dazulegen, etwas Fischrogen dekorativ darüber verteilen und servieren.

**Beilage:**

Geröstetes Weißbrot

# Gefüllter „Fogosch" (Zander)

| | |
|---|---|
| 1 kg küchenfertiger „Fogosch" (Zander) | etwas gehackte Petersilie |
| | weißer Pfeffer |
| Saft von 1/2 Zitrone | 1 Prise Cayennepfeffer |
| Salz, Pfeffer | Zum Braten: |
| Füllung: | 70 - 80 g Speck in Streifen geschnitten |
| 1 altbackene Semmel | |
| 1 - 2 EL heiße Milch | 50 g flüssige Butter |
| 1 Zwiebel | 1/4 l Rahm (Sahne) |
| 20 g Butter | 1/8 l trockener Weißwein |
| 30 g gewürfelter Speck | 250 g frische Schwammerl (z.B. Champignons) |

● Den Fogosch säubern, kurz kalt abspülen und mit Küchenpapier trockentupfen, Zitronensaft, Salz sowie Pfeffer mischen und den Fisch damit innen und außen einreiben. Etwa 15 Minuten durchziehen lassen.

● Für die Füllung die Semmel fein schneiden, In eine Schüssel geben und mit heißer Milch beträufeln. In Butter angedünstete Zwiebel, Speck sowie Petersilie dazugeben und würzen. Den Fogosch damit füllen. Die Bauchöffnung mit Zahnstochern zustecken.

● Das Backrohr auf 190 - 210 °C vorheizen.

● Zum Braten beide Seiten des Fisches mit Speckstreifen spicken. Dann in eine passende Bratreine legen und in das heiße Backrohr schieben. Nach etwa 10 Minuten mit flüssiger Butter beträufeln und weitere 20 - 30 Minuten braten lassen.

● Zwischendurch Rahm und Weißwein darübergeben.
Gelegentlich begießen.

● Die Schwammerl putzen, waschen und blättrig schneiden. Etwa 5 - 8 Minuten vor Ende der Bratzeit zum Fisch geben und garwerden lassen.

● Die Bratreine herausnehmen, den Fogosch auf eine Platte geben, die Soße nochmals abschmecken und mit dem Fisch servieren.

# Gedämpfter Lungenbraten
in Rahmsoße

| | |
|---|---|
| 750 g Lungenbraten (Lenden- oder Filetstück vom Rind) | 1/8 l saurer Rahm (saure Sahne) |
| Salz, Pfeffer | 1/8 - 1/4 l Rindssuppe |
| 50 - 60 g Butter | 1/2 Lorbeerblatt |
| 1 Zwiebel, feingehackt | etwas Thymian |
| 1/8 Stück Zeller (Sellerie), gewürfelt | einige zerstoßene Pfefferkörner |
| 1 kleine gelbe Rübe (Möhre), fein geschnitten | etwas Zitronensaft |
| 30 g Mehl | 60 g in Butter gedünstete Champignons |

● Den Lungenbraten, falls notwendig, abhäuten, kalt abspülen und mit Küchenpapier trockentupfen. Von allen Seiten gut würzen und in heißer Butter anbraten. Herausnehmen und auf eine Platte legen.

● Zwiebel, Zeller und gelbe Rübe im Bratenfond anrösten, mit Mehl bestäuben und mit Rahm sowie Suppe aufgießen. Die Gewürze, den Zitronensaft und das Bratenstück dazugeben.

● Zugedeckt etwa 60 Minuten weichdünsten. Dabei das Bratenstück gelegentlich wenden.

● Das Fleisch herausnehmen, in Scheiben schneiden und zum Warmhalten abdecken.

● Die Soße durchpassieren, die Champignons dazugeben und gut verkochen lassen.

**Beilagen:**
Reis, „Häuptelsalat" (Kopfsalat)

# Wiener Schnitzel

| | |
|---|---|
| 4 Kalbsschnitzel vom Schlegel (Keule) à ca. 170 - 180 g | 1/4 l Öl zum Ausbraten |
| | 50 - 60 g Mehl |
| 2 Eier | 100 g Semmelbrösel |
| 2 EL Schlagobers (süße Sahne) | weiche Butter |
| | Zitronenscheiben oder Viertel |
| Salz weißer Pfeffer | Petersilie |

● Die Schnitzel kurz kalt abspülen und mit Küchenpapier trockentupfen. Von den Sehnen und eventuellen Häuten befreien, damit sie sich beim Braten nicht aufwölben. Die Schnitzel beidseitig klopfen. Eier, Schlagobers, Salz und Pfeffer in einem tiefen Teller gut verquirlen.

● Das Öl in einer großen Pfanne erhitzen. Das Mehl auf einen Teller geben, ebenfalls würzen und die Schnitzel beidseitig darin andrücken. Danach durch das Eiergemisch ziehen, leicht abtropfen lassen und von beiden Seiten in den Semmelbröseln wenden.

● Die so vorbereiteten Schnitzel nacheinander in das heiße Öl legen und bei mäßiger Hitze in ca. 3 - 5 Minuten ausbraten.

● Zwischendurch mit Hilfe eines Wenders umdrehen. Es empfiehlt sich, während des Bratens, die Pfanne sehr vorsichtig zu schwenken, damit die

Panier (Panade) schön aufgeht. Die goldgelb gebratenen Schnitzel sollten auf einem Stück Küchenpapier abtropfen und mit weicher Butter bestrichen werden.

● Anschließend werden sie mit Zitronenscheiben (oder Vierteln) und Petersilie garniert serviert.

**Beilage:** Erdäpfelsalat, Kartoffelsalat

**Interessant für Sie:**

Das Wiener Schnitzel zählt zu den Klassikern der Wiener Küche. International hat es eine weite Verbreitung gefunden, obwohl es der Geschichte nach eigentlich aus Mailand stammt. Feldmarschall Radetzky soll von dort 1848 das Rezept des „costoletta milanese" nach Wien mitgebracht haben.

# Wiener Zwiebelrostbraten

| |
|---|
| 2 Zwiebeln |
| 2 EL Mehl |
| 4 Scheiben Rostbraten à 180 - 200 g (Rinderschnitzel aus der hohen Rippe) |
| Salz, schwarzer Pfeffer |
| 50 - 70 g Butter- oder Schweineschmalz |
| 2 EL Butter |
| 1/8 l kräftig abgeschmeckte Rindssuppe |
| 1 EL Butter |

● Die Zwiebeln schälen und in möglichst gleichmäßige, dünne Ringe schneiden. Das Mehl auf einen Teller geben.

● Die Rostbratenscheiben kurz kalt abspülen, mit Küchenpapier trockentupfen. An den Rändern mehrfach einschneiden, damit sie sich beim Braten nicht einrollen.

● Von beiden Seiten würzen und auf einer Seite durch das Mehl ziehen.

● Mit der bemehlten Seite zuerst in das heiße Schmalz geben und von jeder Seite etwa 8 -10 Minuten braten. Die Fleischscheiben sollen dann innen noch leicht rosa sein.

● In einer zweiten Pfanne
die Butter erhitzen, die
Zwiebelringe darin gold-
gelb und knusprig braten,
herausheben, salzen und
warm stellen.

● Die Rostbratenscheiben
auf vorgewärmten Tellern
verteilen und zum Warm-
halten kurz zudecken.

● Den Bratensatz mit
Rindssuppe loskochen,

1 EL Butter unterziehen
und die Soße über die
Fleischscheiben verteilen.
Die vorbereiteten Zwiebelringe darauf legen und
sofort servieren.

**Beilage:**

Geröstete Erdäpfel (Kar-
toffeln), gedünstetes Ge-
müse

# Esterhàzy - Rostbraten

| | |
|---|---|
| 4 Scheiben Rostbraten à 180 - 200 g (Rinderschnitzel aus der hohen Rippe) | 1/4 Stück Zeller (Sellerie) |
| | 1 Petersilienwurzel |
| | etwas Mehl |
| Salz, schwarzer Pfeffer | 1/8 l kräftig abgeschmeckte Rindssuppe |
| 2 EL Mehl zum Wenden | |
| 50 - 70 g Butter- oder Schweineschmalz | 1 EL feingehackte Kapern |
| | 125 g Sauerrahm (saure Sahne) |
| 1 mittlere Zwiebel | |
| 200 g Wurzelwerk aus: 2 gelben Rüben (Möhren) | abgeriebene Schale 1/2 unbehandelten Zitrone |
| | 1 - 2 EL Zitronensaft |

● Die Rostbratenscheiben kurz kalt abspülen, mit Küchenpapier trockentupfen und klopfen. An den Rändern mehrfach einschneiden, damit sie sich beim Braten nicht einrollen.

● Von beiden Seiten gut würzen und auf einer Seite durch das Mehl ziehen.

● Das Butter- oder Schweineschmalz in einer großen Pfanne erhitzen. Die Rostbratenscheiben mit der bemehlten Seite zuerst in das heiße Schmalz legen und bei starker Hitze von jeder Seite kurz, aber kräftig, anbraten.

● Die Fleischscheiben herausnehmen und in eine Bratreine (Bratgeschirr) oder eine zweite Pfanne geben.

● Die Zwiebel schälen, fein hacken und mit dem geputzten, kleingeschnittenen Wurzelwerk im heißen Bratenfond dünsten. Mit etwas Mehl bestäuben.

● Die Rindssuppe dazugeben, einmal aufkochen lassen, umrühren und die Kapern hinzufügen. Alles über die Rostbratenscheiben verteilen und zugedeckt auf niedriger Stufe etwa 20 Minuten lang schmoren lassen.

● Die Fleischscheiben herausnehmen und auf vorgewärmte Teller geben.

● Den Sauerrahm in den Bratenfond einführen. Die Soße mit Zitronenschale sowie -saft abschmecken und nochmals kurz erwärmen. Nicht kochen. Die Rostbraterscheiben mit der Soße servieren.
**Beilage:**
Breite Bandnudeln

# „Vanille"-Rostbraten

| | |
|---|---|
| 4 Scheiben Rostbraten à 180 - 200 g (Rinderschnitzel aus der hohen Rippe) | 1 mittlere Zwiebel |
| | 1 - 2 gelbe Rüben (Möhren) |
| Salz, schwarzer Pfeffer | 1,8 l kräftig abgeschmeckte Rindssuppe |
| 2 EL Mehl | |
| 50 - 70 g Butter- oder Schweineschmalz | 1 - 2 EL Butter |
| | 1 - 2 Knoblauchzehen |

● Die Rostbratenscheiben kurz kalt abspülen und mit Küchenpapier trocken tupfen. An den Rändern mehrfach einschneiden, damit sie sich beim Braten nicht einrollen.
● Von beiden Seiten würzen und auf einer Seite durch das Mehl ziehen.

● Das Butter- oder Schweineschmalz in einer großen Pfanne erhitzen. Die Rostbratenscheiben mit der bemehlten Seite zuerst in das heiße Schmalz legen und von beiden Seiten etwa 8 - 10 Minuten braten, dann herausnehmen und warmhalten. Die geschälte, feinwürfelig geschnittene Zwiebel sowie die geputzten und gestiftelten gelben Rüben im Bratenfett anrösten.

● Mit Rindssuppe ablöschen, Butter dazugeben und die Soße etwas einkochen lassen.

● Die Knoblauchzehen schälen und klein schneiden, auf den Rostbratenscheiben verteilen, dann die Soße darüber geben und sofort servieren.

**Beilage:**
Geröstete Erdäpfel (Kartoffeln), gedünstete Zwiebeln und Spinat

**Interessant für Sie:**
Mit „Rostbraten" wird in der Wiener Küche immer eine ca. 1 cm dicke und 180 - 200 g schwere Fleischscheibe bezeichnet. Hierbei handelt es sich um ein vom Knochen ausgelöstes Rostbratenbeined (Rinder-Hochrippe). Die vorbereiteten Fleischscheiben werden stets in heißem Fett ausgebraten, wobei das Fleisch innen noch rosa gelingen soll. Auf diesem Grundrezept bauen sich verschiedene Varianten auf. In diesem Buch finden Sie die bekanntesten Gerichte: den Wiener Zwiebelrostbraten, den Esterházy-Rostbraten und den „Vanille"-Rostbraten. Übrigens: mit „Vanille" wird hierbei der für dieses Rezept typische Knoblauch bezeichnet.

# „Salonbeuschel" (Kalbsbeuschel)

| | |
|---|---|
| 800 - 1000 g Kalbsbeuschel (Kalbslunge) | 1/2 Stück Zeller (Sellerie) |
| 1 mittlere Zwiebel | 1 kleine Stange Lauch (Porree) |
| 5 zerdrückte Pfefferkörner | 1 - 1 1/2 l Wasser |
| 1 gelbe Rübe (Möhre) | 1 Gewürznelke |
| 1 Petersilienwurzel | 1 Lorbeerblatt |

| | |
|---|---|
| 1 Zweig Thymian | 1 TL Kapern, fein geschn. |
| 2 - 3 Gewürznelken | 60 g Butter |
| 1 kleine Zwiebel, gehackt | etwas trockener Weißwein |
| frisch gehackte Petersilie | je 1 EL Essig und Zitronensaft |
| abgeriebene Schale 1 unbehandelten Zitrone | 1/4 l Obers (süße Sahne) |
| 1 Knoblauchzehe | 2 - 3 EL saurer Rahm (saure Sahne) |
| 1 Sardellenfilet | Salz, weißer Pfeffer |

● Das Kalbsbeuschel gründlich waschen und eventuell vorhandene Blutreste entfernen. Die Zwiebel schälen und halbieren. Petersilienwurzel, Zeller und Lauch putzen, schälen und grob zerteilen. Alle diese Zutaten sowie die Pfefferkörner in einen großen Topf geben und mit Wasser auffüllen. Gewürznelke, Lorbeerblatt sowie Thymian dazugeben. Einmal aufkochen, dann auf niedriger Stufe in 1 1/2 - 2 Stunden langsam garziehen lassen. Abgießen, dabei etwa 1/2 l des abgeseihten Sudes auffangen.

● Das Beuschel herausnehmen und am besten mit einem Schneidbrett beschwert - auskühlen lassen dann in feine, kurze Streifen schneiden. Die Gewürzgurken fein

hacken. Die Zwiebel mit der Petersilie, Zitronenschale, geschältem und gepreßtem Knoblauch, dem Sardellenfilet und den Kapern in heißer Butter anrösten. Mit Weißwein, Essig sowie Zitronensaft ablöschen, mit dem Kochsud auffüllen und ca. 10 - 15 Minuten gut eindampfen lassen. Die Beuschelstreifen sowie die Gewürzgurke dazugeben, gut durchmischen und weitere 10 Minuten offen erhitzen. Obers mit saurem Rahm verrühren und zuletzt dazugeben.

● Kräftig mit Salz und Pfeffer abschmecken.

**Beilage:**

Wiener Semmelknödel

# Tafelspitz mit Apfelkren

| |
|---|
| 1 kg Suppenknochen |
| 2 kg Tafelspitz, etwas durchwachsen (Hüfte) |
| 1 Petersilienwurzel |
| 1 - 2 gelbe Rüben |
| 1/2 Sellerieknolle |
| 1 kleine Stange Lauch |
| 2 Knoblauchzehen |
| 2 kleine Zwiebeln |
| 1 Lorbeerblatt |
| 1 Bund Schnittlauch |
| 1 Prise Muskat, Salz |
| Für die Sauce: 2 mittelgroße Äpfel |
| 2 EL Weinessig |
| 2 - 3 EL Kren (Meerrettich) |
| 1 - 2 TL Zucker |
| Salz, Pfeffer |

● Die Suppenknochen kräftig abspülen, eventuell bürsten und in einen großen Topf geben. Mit ausreichend Wasser bedecken, salzen und aufkochen lassen. Das Tafelspitzfleisch hineinlegen, nochmals aufkochen, den entstehenden Schaum mehrmals abheben und die Kochplatte herunterschalten.

● Inzwischen Petersilienwurzel, gelbe Rüben, Sellerie und Lauch putzen, waschen, je nach Sorte schälen und grob zerkleinern. Knoblauchzehen und Zwiebeln schälen und halbieren. Alle Gemüsezutaten mit dem Lorbeerblatt zum Fleisch geben. Würzen, nochmals abschäumen.

● Den Tafelspitz nun auf niedriger Stufe, leicht „köchelnd", in ca. 2 Stunden garziehen lassen. Das Fleisch ist fertig, wenn es

sich mit einem spitzen Messer leicht einstechen läßt. Ca. 1/2 Stunde vor dem Fertigwerden die Sauce zubereiten. Hierzu die Äpfel schälen, vierteln, vom Kerngehäuse befreien und fein schneiden. Mit Essigzugabe in einen flachen Topf ca. 10 - 12 Minuten dünsten. Abkühlen lassen. Mit geriebenem Kren mischen und abschmecken.

● Den Schnittlauch waschen und in Röllchen schneiden. Das Fleisch aus dem Topf nehmen, die Brühe durch ein feines Sieb gießen und mit Muskat und Salz abschmekken. Den Tafelspitz quer zur Faser aufschneiden und auf einer vorgewärmten Platte anrichten. Mit Brühe übergießen und mit Schnittlauch sowie wahlweise auch etwas Wurzelwerk bestreuen. Mit Apfelkren servieren.

**Beilage:**
Erdäpfel (Kartoffeln)

33

# Wiener Fiakergulasch

| |
|---|
| 800 g Rindfleisch zum Braten |
| 600 g Zwiebeln |
| 2 EL Butterschmalz |
| 2 EL Paprikapulver |
| 1 EL Essig |
| ca. 3/4 l Fleischbrühe |
| 1 Knoblauchzehe |
| etwas zerriebener Majoran |
| 1/2 TL gem. Kümmel |
| 1 Knoblauchzehe |
| Salz, Pfeffer |
| 1 EL Paradeismark (Tomatenmark) |
| 4 Eier |
| 2 Paar Wiener-Würstchen |
| 4 Gewürzgurken |

● Das Fleisch kurz kalt abspülen und trockentupfen. In gleichgroße Würfel schneiden. Die Zwiebeln schälen und fein hacken. Das Butterschmalz in einem größeren Topf erhitzen. Die Zwiebeln darin goldbraun anbraten. Das Paprikapulver darüberstreuen und mit Essig und einigen Eßlöffeln Brühe aufgießen.

● Das Fleisch dazugeben und würzen. Zugedeckt bei niedriger Stufe ca. 1 1/2 Stunden schmoren lassen, dabei des öfteren wenden und immer etwas Fleischbrühe hinzufügen.

● Ist die Garzeit abgelaufen, die restliche Brühe, das Paradeismark und die zerdrückte Knoblauchzehe unterrühren. Nochmals 10 Minuten ziehen lassen und erneut abschmecken.

● Das Gulasch auf tiefe Teller verteilen und mit einem Spiegelei, einem Wiener Würstchen und je einer zu einem Fächer aufgeschnittenen Gewürzgurke garniert servieren.

### Beilage:

Frische Semmeln oder Palffyknödel.

### Interessant für Sie:

Der erste Lohnkutscher erhielt 1693 in Wien seine Lizenz. Auch heute tragen die wenigen, verbliebenen „Faker" noch ihre alten Kostüme: eine pepitagemusterte Hose, eine Samtjacke und einen steifen Hut

Das **Gulasch,** ursprünglich aus Ungarn stammend und dort „Gulyás" genannt, gehört eigentlich zu den wenigen Speisen, die aufgewärmt noch besser schmecken, als frisch zubereitet.

# Kalbsvögerl in Schwammerlsoße

| | |
|---|---|
| 4 - 6 Kalbsschnitzel aus der Schulter | 150 g gedünstetes Gemüse nach Belieben, z.B. gelbe Rüben (Möhren), Kohlrabi oder Zeller (Sellerie) |
| Salz, weißer Pfeffer | |
| 50 g fetter Speck | |
| 100 g Faschiertes (Hack) | |
| 4 EL Rahm (süße Sahne) | ca. 1/4 l Brühe |
| 1 Dotter (Eigelb) | Für die Soße: |
| 1 gewürfelte Zwiebel, Thymian, Knoblauch | 1/8 l saurer Rahm (Sahne) |
| | 1 - 2 EL Mehl |
| 1 kleine Zwiebel, 60 g Speck | 200 g gedünstete Schwammerl (Pilze) |

● Die Schnitzel kurz kalt abspülen und trockentupfen. Leicht klopfen. Pfeffern und salzen. Kleingeschnittenen Speck goldgelb ausbraten, zum Faschierten geben. Mit Obers, Zwiebel, Dotter, Gewürzen und gedünstetem Gemüse nach Belieben gut vermischen. Die Masse auf die Kalbsschnitzel streichen, zusammenrollen und mit Rouladennadeln (oder Zwirn) fixieren.

● Die Zwiebel schälen, fein hacken und mit dem würfelig geschnittenen Speck rösten. Die Kalbsvögerl darin rasch anbraten, das Gemüse dazugeben, mit Brühe ablöschen, herunterschalten und ca.

40 - 50 Minuten schmoren lassen.
● Das Fleisch herausnehmen und die Befestigung entfernen.
● Für die Soße sauren Rahm mit Mehl glattrühren, zum Fond geben, einrühren und nochmals aufkochen. Schwammerl hinzufügen. Die Kalbsvögerl darin kurz durchziehen lassen und sofort servieren.

**Interessant für Sie:**
In der bürgerlichen Küche Wiens wurden bis ins 19. Jahrhundert auch Singvögel zubereitet. „Vogelfänger" lieferten sie. Als „Ersatz" für jene, die sich diese Spezialität nicht leisten konnten, gab es die „Kalbsvögerl".

# Knusprig gebratene Stelze

1 größere Kalbs- oder Schweinestelze (Haxe) von ca. 1,2 - 1,5 kg

Salz, Pfeffer

1 - 2 Knoblauchzehen

30 - 40 g Butterschmalz

etwa 1/4 l heißes Wasser

Wurzelwerk aus:

1 Zwiebel

2 gelbe Rüben (Möhren)

1/4 Stück Zeller (Sellerie)

Salzwasser zum Bestreichen

● Die Stelze kurz kalt abspülen und mit Küchenpapier trockentupfen. Die Fettschicht mit Hilfe eines scharfen Messers rundum kreuzweise einschneiden. Von allen Seiten würzen und mit geschältem, durchgepreßtem Knoblauch einreiben.

● Das Backrohr auf 190 - 210° C vorheizen.

● Das Butterschmalz in einem backofenfesten Bratentopf oder in einer Bratreine (Bratform) erhitzen und die Stelze darin kräftig anbraten. Mit Wasser ablöschen und die Stelze in 1 1/2 - 2 Stunden im Backrohr fertigbraten. Zwischendurch wenden und dabei immer wieder übergießen.

● Etwa nach der Hälfte der Zeit mit dem geputzten, kleingeschnittenen Wurzelwerk einlegen.

● Kurz vor Ende der Bratzeit die Haut mit Salzwasser bestreichen und die Stelze mit starker Oberhitze oder unter dem Grill kurz überkrusten.

● Das Bratgeschirr herausnehmen, das Fleisch auf einer Platte im abgeschalteten Rohr warmhalten, den Bratensatz mit etwas Wasser lösen, durchseihen und eventuell noch leicht einkochen lassen.

Abschmecken und separat zum Fleisch reichen.

● Die Stelze im Ganzen servieren oder am Knochen entlang zerteilen und wieder zusammensetzen.

● Auf einer Platte oder einem Holzbrett anrichten.

**Beilage:**
Wiener Semmelknödel oder ein kräftiges Bauernbrot, Krautsalat.

# Gebackenes Kalbsbries

| | |
|---|---|
| 500 g Kalbsbries | 2 - 3 EL Mehl |
| Salzwasser | 4 - 5 EL Semmelbrösel |
| Salz, weißer Pfeffer | 50 g Butterschmalz oder Öl zum Ausbacken |
| 1 - 2 Eier, mit Salz und 1 - 2 EL Milch versprudelt | |
| | 4 Zitronenspalten |

● Das Bries in kaltem Wasser gründlich waschen, dann blanchieren. Hierzu das Bries in kaltes Salzwasser geben, zum Kochen bringen, etwa 5 Minuten ziehen lassen, herausnehmen und kalt überbrausen. Anschließend sorgfältig häuten.

● In fingerdicke Scheiben schneiden und mit Salz sowie Pfeffer würzen. In Mehl wenden, durch die Eiermilch ziehen und dann in den Semmelbröseln

panieren.

● Butterschmalz oder Öl in einer größeren Pfanne erhitzen, die Briesscheiben hineingeben, die Kochstelle herunterschalten und die Scheiben auf beiden Seiten langsam goldgelb ausbacken. Mit Zitronenspalten garniert servieren.

**Beilage:**
Erdäpfel-(Kartoffel) oder Vogerl-(Feld)Salat

# Knusprig gebratener Lammschlegel

| |
|---|
| 1 Lammschlegel (Keule) mit Knochen von ca. 1,5 kg |
| 2 - 3 Knoblauchzehen |
| Salz, frisch gemahlener Pfeffer |
| Rosmarin |
| 2 - 3 EL Öl, 2 TL scharfer Senf |
| 50 - 60 g Butterschmalz |
| etwa 1/4 l heiße Fleischsuppe |
| 80 - 100 ml Rahm (süße Sahne) |
| 20 - 30 g kalte Butter |

● Den Lammschlegel von Haut und Fett befreien, dann kurz kalt abspülen und mit Küchenpapier trockentupfen.

● Die Knoblauchzehen schälen und vorsichtig vierteln. Das Fleisch mit einem spitzen Messer an verschiedenen Stellen ca. 1 cm tief einschneiden und die Knoblauchviertel hineinschieben. Mit Salz, frisch gemahlenem Pfeffer und Rosmarin würzen. Öl mit Senf verrühren und den Schlegel von allen Seiten gleichmäßig einreiben.

● Das Backrohr auf 180 - 200°C vorheizen.

● Das Butterschmalz in einer großen Bratreine erhitzen, den Schlegel darin rundum anbraten, mit etwas heißer Fleischsuppe ablöschen, in das Backrohr schieben und in

etwa 1 1/2 – 2 Stunden fertigbraten. Dabei gelegentlich begießen und einmal wenden. Anschließend aus der Reine auf eine Platte geben und im abgeschalteten Rohr noch etwas nachziehen lassen.

● Den Bratensatz mit Wasser lösen, eventuell durchseihen, nochmals aufkochen und mit Rahm

verfeinern. Kräftig abschmecken und die kalte Butter unterschlagen. Den Schlegel am Knochen entlang aufschneiden und die Soße separat dazu servieren.

### Beilage:

Mit Zwiebeln gedünstete Fisolen (Bohnen), gebackene Erdäpfel (Kartoffeln).

# Bauernschmaus

| | |
|---|---|
| 4 - 6 Scheiben geselchtes (gepökeltes) Schweinefleisch zum Braten | 500 g Sauerkraut |
| | Wacholderbeeren |
| Salz | 4 Würstl |
| gem. Kümmel | 4 Scheiben vorgebratenen Schweinebraten (Schlegel, Schulter) |
| Butterschmalz | |
| 50 g Speck | Semmelknödel |
| 1 kleine Zwiebel | Essiggurken |

● Die Bratenscheiben kurz kalt abspülen, mit Küchenpapier trockentupfen und würzen. In heißem Butterschmalz anbraten und auf niedriger Stufe fertiggaren lassen.

● Den Speck würfeln und in einem größeren Topf auslassen. Die Zwiebel schälen, fein hacken und zum Speck geben. Das Sauerkraut hinzugeben, würzen, umrühren und zugedeckt weichdünsten.

● Zuletzt die an den Enden kreuzweise eingeschnittenen Würstl auf dem Sauerkraut erhitzen. Die Semmelknödel nach Rezept (s. Seite 52) zubereiten.

● Auf einem größeren, rustikalen Holzteller richtet man zuerst das Kraut mit einem Semmelknödel und dann die übrigen Zutaten gefällig an und verziert sie, zum Beispiel, mit Gurkenfächern.

# Faschiertes Butterschnitzel

| | |
|---|---|
| 2 altbackene Semmeln | Salz, weißer Pfeffer, eine Prise frisch geriebener Muskat |
| ca. 1/8 l lauwarme Milch | |
| 500 g faschiertes (gehacktes) Kalbfleisch, z.B. von der Schulter | etwa 60 g Semmelbrösel |
| | 5 - 6 EL Butter |
| 2 Eier | 5 - 6 EL Fleischsuppe |

● Die Semmeln kleinschneiden, in eine Schüssel geben, mit der Milch

übergießen und einweichen lassen.

● In einer zweiten Schüssel das Faschierte mit Eiern, Gewürzen und den gut ausgedrückten Semmeln mischen. Kräftig durchkneten, dann so viel Semmelbrösel zufügen, daß die Masse zwar weich, aber noch formbar ist.

● Zu 8 Kugeln formen, die dann zu ovalen, fingerdicken „Schnitzeln" flachgedrückt werden.

● In einer größeren Pfanne die Hälfte der Butter erhitzen, das Fleisch hineinlegen, die Kochstelle sofort herunterschalten und die Butterschnitzel von beiden Seiten in ca. 15 Minuten goldbraun braten. Anschließend herausnehmen und auf eine vorgewärmte Platte geben. Zugedeckt warmhalten.

● Die Fleischsuppe in die Pfanne geben, erhitzen und die restliche Butter einrühren. Etwas einkochen lassen.

● Die Butterschnitzel auf vorgewärmte Teller verteilen, mit der Soße übergießen und sofort servieren.

# Paprikahuhn

| | |
|---|---|
| 1 küchenfertiges Huhn von ca. 1,2 - 1,4 kg | 1 TL edelsüßes Paprikapulver |
| 50 g Butterschmalz | 1/4 l saurer Rahm (saure Sahne) |
| 1 große Zwiebel, feingehackt | 1/2 l kräftig abgeschmeckte Rindssuppe |
| Salz, 50 - 60 g Mehl | |

● Das Huhn innen und außen gründlich waschen, mit Küchenpapier trockentupfen und in Stücke zerteilen.

● Das Butterschmalz erhitzen und die Geflügelstücke mit der Zwiebel darin hellbraun anrösten. Mit Paprika sowie Salz würzen, mit Mehl bestäuben und dann den sauren Rahm einrühren.

● Zuletzt mit der Rindssuppe aufgießen und unter gelegentlichem Umrühren fertigdünsten. Vor dem Servieren nochmals abschmecken.

# Wiener Backhendl

2 küchenfertige „Hendl" (Masthähnchen ohne Innereien) à ca. 800 - 900 g

2 Eier

2 EL Rahm (süße Sahne)

Salz, weißer Pfeffer

etwas Rosenpaprikapulver

100 g Mehl

150 g Semmelbrösel

250 g Butterschmalz oder 1/4 l Öl zum Ausbacken

Zitronenviertel oder -scheiben

Petersilie zum Garnieren

● Jedes Hendl vierteln, kurz kalt abspülen und mit Küchenkrepp trockentupfen. Die Haut abziehen und von den Bruststücken auch die Knochen sowie Knorpel entfernen.

● Die Eier, Rahm, Salz, Pfeffer und Rosenpaprikapulver in einer kleineren, jedoch höheren Schüssel verquirlen. Mehl und Semmelbrösel jeweils auf separate Teller verteilen.

● Die vorbereiteten Hendlteile leicht salzen. Zuerst in Mehl wenden und leicht abklopfen. Anschließend in die verquirlte Eier-Rahmmischung eintauchen und zuletzt mit Semmelbröseln gleichmäßig bestreuen. Die überschüssigen Brösel leicht abklopfen.

● Schmalz oder Öl in einer mittelgroßen Pfanne, die einen leicht höheren Rand haben sollte, mög-

lichst langsam erhitzen.
Die panierten Hendlteile
nacheinander, im Fett
schwimmend, bei mittlerer
Hitze in 10 - 15 Minuten
goldgelb backen.
Es empfiehlt sich dabei
die Pfanne sehr vorsichtig
zu schwenken, damit die
Panier (Panade) recht
schön aufgeht.

● Bereits fertige Hendl-
viertel herausnehmen, auf
Küchenkrepp gut abtrop-
fen lassen und mit Alufolie

abgedeckt oder im Back-
ofen warmhalten. Auf einer
vorgewärmten Platte an-
richten und mit Zitronen-
vierteln und Petersilien-
sträußchen garniert ser-
vieren.

Als **Beilage** zu diesem
Gericht reichen Sie am
besten einen Erdäpfel-
salat, den Sie nach Be-
lieben noch mit in Schei-
ben geschnittenen Salat-
gurken vermischen.

# Überbackene Schinkenfleckerl

Altwiener Art

---

Fleckerlteig:
200 g Mehl, 2 Eier, Salz

etwas Mehl zum Ausrollen, Salz und 1 EL Öl zum Kochen

---

Zum Backen:
300 g gekochter Schinken

1 mittlere Zwiebel

2 EL Butter

Butter für die Form

3 Eier

1/8 l Sauerrahm (saure Sahne)

Salz, weißer Pfeffer, frisch geriebener Muskat

30 g Butter, Semmelbrösel nach Belieben

---

● Das Mehl in eine grössere Schüssel sieben, in die Mitte eine Vertiefung eindrücken, die Eier mit 1 Prise Salz hineingeben und die Mischung von außen nach innen zu einem glatten Teig verkneten. Falls erforderlich, etwas Wasser dazugeben, damit sich alle Zutaten gut verbinden. Den Teig so lange weiterkneten, bis er seidig glänzt, dann zugedeckt für etwa 30 Minuten rasten lassen. Anschliessend auf bemehlter Arbeitsfläche messerrükkendick ausrollen und für ca. 10 Minuten trocknen lassen.

● Reichlich Wasser aufkochen.

● Den Fleckerlteig erst längs, dann quer in ca. 1 - 1,5 cm breite Streifen schneiden, und zwar so, daß „Fleckerl" (Quadrate) entstehen.

● Salz und Öl ins Koch-
wasser geben. Die Flek-
kerl hinzufügen und in ca.
8 Minuten bißfest garen,
danach abseihen und
abschrecken. Gut abtrop-
fen lassen.

● Den Schinken fein
würfeln.

● Die Butter in einer Pfanne schmelzen und die
geschälte, feingewürfelte
Zwiebel darin glasig
dünsten. Die Schinken-
würfel dazugeben und
kurz mitbraten lassen. Eier

mit Sauerrrahm verrühren
und kräftig würzen.

● Eine größere feuerfeste
Form mit Butter ausstrei-
chen und mit Bröseln be-
streuen. Die Fleckerl in
eine größerer Schüssel
geben, die Schinken -
Zwiebelmischung hinzufü-
gen und gleichmäßig
durchmischen, dann in die
Form geben und mit dem
Eierrahm übergießen.

● Butterflöckchen aufset-
zen und nach Belieben mit

Semmelbröseln bestreuen.

● Bei 200 - 220 °C im Backrohr in 45 - 60 Minuten goldbraun backen und in der Form zu Tisch bringen oder portionsweise ausstechen.

**Beilage:** Gemischter Salat.

**Unser Tip:**

Anstelle der selbstgemachten „Eierteigfleckerl"

können Sie auch ca. 300 g vorgekochte Bandnudeln verwenden.

**Interessant für Sie:**

Die „Schinkenfleckerl" sind eine Alt-Wiener Spezialität, die man auch auf der Speisekarte vieler Lokale wieder findet. Wichtig bei der Zubereitung ist, den Eiernudelteig quadratisch auszuschneiden. Erst dann erhält man die typischen „Fleckerl".

# Grammelknödel mit Sauerkraut

| | |
|---|---|
| Für den Erdäpfelteig: 600 g mehlige Erdäpfel | 300 g Sauerkraut |
| 200 g Mehl, 40 g feiner Grieß | 1 Lorbeerblatt |
| | 6 Pfefferkörner |
| 2 EL weiche Butter, 1 Ei | 1/8 l Fleischsuppe |
| 2 Eidotter (Eigelb) | Für die Füllung: 300 g „Grammeln" (Grieben) |
| 1 Prise frisch geriebener Muskat, Salz | |
| Für das Sauerkraut: 1 mittlere Zwiebel | 1 Zwiebel |
| | 2 - 3 EL Butter |
| 125 g magerer Speck | 2 EL gehackte Petersilie |
| | 1 Knoblauchzehe |
| 2 EL Butter | Salz, Pfeffer |

● Die Erdäpfel in der Schale kochen, schälen und noch heiß durchpressen. Etwas ausdampfen lassen, dann mit Mehl, Grieß, Butter, Ei, Dottern und Gewürzen zu einem

glatten Teig verarbeiten. Hierzu am besten die Küchenmaschine mit Knethaken einsetzen.

● Etwa 10 - 15 Minuten rasten lassen.

● Für das Sauerkraut die Zwiebel schälen und fein hacken. Den Speck klein- würfeln. Die Butter in ei- nem Topf erhitzen, Zwie- bel mit Speckwürfeln darin ausbraten, dann das Kraut mit dem Lorbeerblatt und den Pfefferkörnern dazu- geben.

● Die Fleischsuppe hinzugießen und das Sauerkraut bei mittlerer Hitze in etwa 30 - 45 Minuten fertiggaren. Zwischendurch umrühren.

● Für die Fülle die Grammeln feinhacken. Mit der geschälten, gewürfelten Zwiebel in der Butter anrösten. Die Petersilie dazugeben und kurz mitbraten. Geschälten, gepreßten Knoblauch sowie die Gewürze hinzufügen. Pikant abschmecken. Zum Abkühlen beiseite stellen, dann daraus 12 kleine Kugeln formen.

● Den Erdäpfelteig auf bemehlter Arbeitsfläche zu einer Rolle formen. In 12 gleichgroße Scheiben schneiden und diese einzeln flachdrücken. Die Fülle darauf verteilen, mit Teig umhüllen und nun zu Knödeln formen.

● In einem weiten, großen Kochtopf reichlich gesalzenes Wasser aufkochen lassen. Die Grammelknödel einlegen, die Kochstelle herunterschalten und die Knödel - je nach Größe - in ca. 14 - 18 Minuten garen.

● Mit einer Schaumkelle herausheben, abtropfen lassen, auf Tellern anrichten und mit dem Sauerkraut servieren.

**Interessant für Sie:**

Anstelle der „Grammeln" können Sie die Fülle auch mit 300 - 400 g sehr fein gehackten Bratenfleischresten zubereiten. So erhalten Sie die beliebten „Fleischknödel". Die Kochzeit bleibt gleich.

# „Palffy"-Knödel (Serviettenknödel)

| | |
|---|---|
| 8 altbackene Semmeln | 30 g Butter |
| 1/4 l lauwarme Milch | 1 Leinenserviette oder |
| 4 Eier | 1 Küchentuch, Holzlöffel, Bindfaden, |
| 1 Prise frisch geriebene Muskatnuß | etwas Butter zum Bestreichen |
| Salz, weißer Pfeffer | 3 - 4 l Salzwasser zum Kochen |
| 3 - 4 EL gehackte Petersilie | |

● Die Semmeln klein-schneiden und in eine Schüssel geben. Die Milch mit Eiern sowie Gewürzen versprudeln und darüber-gießen. Die Petersilie in geschmolzener Butter anrösten und hinzufügen. Alle Zutaten gleichmäßig durchmischen und etwa 30 Minuten rasten lassen.

● Das Salzwasser in ei-nem hohen, weiten Topf aufkochen.

● Den Teig mit nassen Händen zu einer großen, länglichen Rolle formen. Auf eine befeuchtete und mit Butter bestrichene Leinenserviette (Küchen-tuch) legen und locker einschlagen, damit die Masse während des Kochens noch aufgehen kann. An beiden Enden mit Hilfe eines Bindfadens befestigen und an einem Kochlöffel festbinden.

● Vorsichtig in das Was-ser legen und zugedeckt bei mittlerer Hitze in 50 - 60 Minuten garziehen lassen.

● Den Pallfyknödel aus dem Wasser heben, ab-schrecken, die Serviette (Küchentuch) entfernen und kurz ausdämpfen lassen. In dicke Scheiben schneiden, auf einer vor-gewärmten Platte anrich-ten und sofort servieren.

**Interessant für Sie:**

Die Idee, eine Knödel-masse in einer Serviette oder einem Küchentuch zuzubereiten stammt aus Böhmen. Vermutet wird, daß die Knödel erstmals im Palais des Grafen Palffy in Prag serviert wurden. Später hat auch die Wie-ner Küche Gefallen daran gefunden und den „Palffy"-Knödel als Beilage zu verschiedenen Fleisch-gerichten empfohlen.

# Wiener Semmelknödel

| | |
|---|---|
| 8 - 10 altbackene Semmeln | Salz, weißer Pfeffer |
| 1 kleine Zwiebel | 1 Prise frisch geriebener Muskat |
| 2 - 3 EL gehackte Petersilie | |
| 40 g Butter | 2 - 3 EL Mehl nach Bedarf |
| 1/4 l lauwarme Milch | 3 l Salzwasser zum Kochen |
| 3 - 4 Eier | |

● Die Semmeln blättrig schneiden und mit der geschälten, feingehackten Zwiebel sowie der Petersilie in Butter leicht anrösten. In eine Schüssel geben.

● Milch, Eier und Gewürze versprudeln, über die Semmelmischung geben, durchkneten und für ca. 20 Minuten anziehen lassen. Nach Bedarf Mehl hinzufügen und leicht einmischen.

● Mit nassen Händen gleichmäßig große Knödel formen, diese in kochendes Salzwasser legen, die Kochstelle herunterschalten und die Knödel - je nach Größe - in ca. 12 - 15 Minuten garziehen lassen.

● Mit Hilfe einer Schaumkelle herausheben und sogleich servieren.

# Kohl nach Wiener Art

| | |
|---|---|
| 1 großer Kohlkopf (ca.800 g) | Kümmel, weißer Pfeffer |
| etwas Salz | 1 gehackte Zwiebel |
| 4 rohe Erdäpfel (Kartoffeln) | 30 g Schweineschmalz |
| 1 zerdrückte Knoblauchzehe | 30 g Mehl |
| | 1/8 l heiße Rindssuppe |

● Den Kohlkopf in größere Stücke zerteilen, die schlechten Blätter entfernen, vom Strunk und den groben Rippen befreien.

● In reichlich gesalzenem Wasser zusammen mit

den würfelig geschnittenen Erdäpfeln sowie Kümmel und Pfeffer weichkochen, abseihen.

● Knoblauch und Zwiebel in heißem Schmalz anrösten, mit Mehl bestäuben, kurz durchziehen lassen, dann mit der Suppe ablöschen. Den Kohl dazugeben und kurz verkochen lassen. Zuletzt nochmals abschmecken.

**Interessant für Sie:**

Dieser sehr mild schmeckende Kohl ist eine typische Spezialität und wird eigentlich „Kelch" genannt. Er paßt als Beilage zu gekochtem Rindfleisch, wird jedoch auch zu gebratener Wurst gegessen.

# Wiener Erdäpfelsalat

| | |
|---|---|
| 500 g speckige Erdäpfel (Kartoffeln) | 2 EL Keimöl, 1 1/2 EL Essig |
| Salz | weißer Pfeffer, 1 Prise Zucker |
| 1 Tasse warme Rindssuppe | frisch gehackter Schnittlauch |
| 1 kleine Zwiebel | |

● Die Erdäpfel in der Schale kochen, abgießen, etwas abkühlen lassen, noch warm schälen und in eine Schüssel geben. Salzen und mit warmer Rindssuppe übergießen. Gehackte Zwiebel, Öl, Essig, Salz, Pfeffer und Zucker verrühren, hinzugeben und gut durchmischen.

● Mit reichlich frisch gehacktem Schnittlauch bestreut servieren.

**Interesssant für Sie:**

Sie können den Erdäpfelsalat auch mit Vogerlsalat (Feldsalat) kombinieren oder dünn geschnittene Gurkenscheiben untermischen. Wichtig ist, stets „speckige" Erdäpfel zu verwenden, die man in Wien auch „Kipfler" nennt.

# „Risi-Pisi" (Reisgericht)

| | |
|---|---|
| 250 g Reis | Salz, 60 g Butter |
| 1/2 l Wasser | 80 g vorgekochte, grüne Erbsen |
| 1 kleine Zwiebel, 2 Gewürznelken | 1 gehäufter EL Parmesan |

● Den Reis kalt waschen und abtropfen lassen. Mit dem Wasser, der geschälten und mit Nelken gespickten Zwiebel, Salz, sowie 30 g Butter einmal aufkochen. Anschließend auf niedriger Stufe in etwa 25 Minuten weich dünsten.
● Die Zwiebel herausnehmen, den Reis offen ausdampfen lassen, dann die restliche Butter dazugeben, zuletzt Erbsen mit Parmesan untermischen.

# Fisolen mit Bröseln

| |
|---|
| 500 g Fisolen (grüne Bohnen) |
| 80 - 100 g Semmelbrösel |
| 125 g Butter |
| Salz, weißer Pfeffer |

● Die Fisolen waschen, putzen, bei Bedarf abfädeln und in Salzwasser weich kochen, abseihen und in eine Servierschüssel geben.

● In einer größeren Pfanne die Butter aufschäumen, die Brösel darin hellbraun rösten, würzen und über den Fisolen verteilen. Sogleich servieren.

## „Schwammerlgulasch" (Pilzgericht)

| | |
|---|---|
| 400 g „Schwammerl" (frische Champignons) | ● Die Schwammerl sauber putzen, waschen, feinblättrig schneiden und in der Butter rasch durchrösten. Würzen, dann mit Mehl und etwas Paprika bestäuben und den Sauerrahm angießen. |
| 60 - 70 g Butter | |
| Salz, weißer Pfeffer | |
| 1 TL Zitronensaft | |
| 2 - 3 TL Mehl, etwas Paprikapulver | |
| 1/4 l Sauerrahm (saure Sahne) | ● Auf niedriger Stufe kurz verkochen lassen, dann mit gehackter Petersilie bestreut servieren. |
| Petersilie | |

# Karfiol mit Butterbröseln

| | |
|---|---|
| 1 großer Karfiol (Blumenkohl) von ca. 800 g | 1 Prise frisch gemahlene Muskatnuß |
| 2 - 3 l Salzwasser zum Kochen | 80 - 100 g Butter, 4 - 6 EL Semmelbrösel |
| 1/2 l Milch | Salz, weißer Pfeffer |

● Den Karfiol putzen, grüne Blätter entfernen und gründlich unter kaltem Wasser waschen.

● In einem größeren Topf Salzwasser mit Milch erhitzen, mit Muskat würzen, den Karfiol einlegen und in ca. 20 - 30 Minuten weich kochen.

● Mit einer Schaumkelle herausheben und abtropfen lassen. Auf einer vorgewärmten Platte anrichten

● In einer größeren Pfanne die Butter aufschäumen, die Semmelbrösel darin hellbraun rösten, würzen und über dem Karfiol verteilen. Sogleich servieren.

# Vogerlsalat

250 g frischer Vogerlsalat (Feldsalat)

1 gehackte Zwiebel

2 EL Zitronensaft o. Essig

Salz, weißer Pfeffer

4 - 6 EL Keimöl

frische, gehackte Kräuter nach Wahl

1/2 gepreßte Knoblauch-zehe

● Den Vogerlsalat putzen, an der Wurzel knapp abschneiden und bei Bedarf die schlechten Blättchen entfernen. 2 - 3 mal gründlich waschen und sehr gut abtropfen lassen.

● In einer größeren Salatschüssel die gehackte Zwiebel mit Zitronensaft oder Essig und den Gewürzen vermischen, das Keimöl dazugeben und mit Kräutern sowie Knoblauch würzen.

● Alles gut verrühren, die Salatblättchen hineingeben und kurz untermischen.

**Variation:** Vogerlsalat mit Hühnerschnitzeln (Foto). Der Vogerlsalat paßt gut zu vielen Fleisch- oder Fischgerichten. Sie können ihn jedoch auch mit kleinen Hühnerschnitzeln kombinieren. Für 4 Personen benötigen Sie dann ca. 600 g frische Hühnerbrust, die in kleinen Stückchen paniert und in 8 - 12 Minuten in heißem Butterschmalz ausgebacken wird.

# Saftiger Weinkoch

| | |
|---|---|
| 4 Eidotter (Eigelb) | 4 Eiklar (Eiweiß) |
| 80 g Zucker | Butter zum Einfetten der Form |
| Saft und Schale 1 unbehandelten Zitrone | Soße: |
| 100 g gemahlene Mandeln | 1/4 l trockener Rotwein |
| 80 g Semmelbrösel | 1/2 Zimtstange, 40 g Zucker |
| 1/2 TL Semmelbrösel | |
| 1/2 TL gemahlener Zimt | 2 gestr. EL Stärkemehl |

● Die Dotter mit dem Zucker schaumig rühren. Saft und Schale der Zitrone, gemahlene Mandeln, Semmelbrösel sowie Zimt dazugeben und gleichmäßig untermischen. Eiklar zu steifem Schnee schlagen und vorsichtig unter die Masse heben. Eine feuerfeste Form buttern, den Teig einfüllen und glattstreichen.

● Im vorgeheiztem Backrohr bei180 - 200 °C in 30 - 40 Minuten backen.

● Für die Soße Rotwein, Zimtstange und Zucker aufkochen. Das Stärkemehl mit etwas kaltem Wasser glattrühren und die Soße damit binden. Die Zimtstange entfernen.

● Den Auflauf aus der Form auf eine Platte stürzen, mit einem Teil der Soße übergießen und die restliche Soße separat dazu servieren.

# Kaiserschmarrn
Wiener Art

| |
|---|
| 60 g Rosinen |
| 2 - 3 EL Rum |
| 150 g Mehl, 1 Prise Salz |
| 1 EL Staubzucker |
| 1 Pa Vanillezucker |
| abgeriebene Schale einer 1/2 unbehandelten Zitrone |
| 3 Eidotter (Eigelb), 3 Eiklar (Eiweiß) |
| 1/8 l Milch |
| etwas Zitronensaft |
| 40 g gemahlene Mandeln nach Belieben |
| 50 - 60 g Butter od. Butterschmalz zum Ausbacken |
| Staubzucker (Puderzucker) zum Bestreuen |

● Die Rosinen heiß abbrühen und in eine Schale geben. Mit Rum beträufeln und beiseite stellen. Das Mehl in eine Rührschüssel sieben. Salz, Staubzucker, Vanillezucker, abgeriebene Zitronenschale, Eidotter sowie Milch dazugeben. Mit dem Elektroquirl oder in der Küchenmaschine zu einem flüssigen Teig verarbeiten und ca. 20 - 30 Minuten „ruhen" lassen.

● Das Eiklar mit Staubzucker und einigen Tropfen Zitronensaft zu sehr steifem Schnee schlagen. Nach Belieben gemahlene Mandeln zufügen. Den Eischnee vorsichtig unter den Teig heben.
● In einer größeren Pfanne Butter oder Butterschmalz erhitzen. Den Teig hineingeben, darauf die Rosinen verteilen, zudecken und auf einer Seite goldgelb backen.

Wenden, mit einer Gabel
in Stücke teilen und unter
weiterem Umrühren fertig-
backen. Mit reichlich
Staubzucker bestreut, heiß
servieren.

## Unser Tip:

Zum „Kaiserschmarrn"
reichen Sie am besten
Preiselbeeren, Apfelmus
oder ein Kompott. Sie
können ihn sowohl als
Hauptgericht, als auch in
kleineren Portionen als
Nachspeise servieren.

## Interessant für Sie:

Die Geschichte erzählt,
daß der „Kaiserin-
Schmarrn' ursprünglich
der Kaiserin Elisabeth,
Gemahlin Franz Josef I.
von Österreich, vom
Hofkoch gewidmet wor-
den ist. Da sie ihn nicht so
gerne mochte, Franz
Josef I. ihn hingegen
liebte, wurde er ganz
einfach umgetauft.

# Alt-Wiener Apfelstrudel

**Strudelteig:**

250 g Mehl, 1 Prise Salz

20 g zerlassene Butter oder 2 EL Öl

1 Ei

Ca. 100 ml lauwarmes Wasser

etwas Butter oder Öl zum Bestreichen des Teiges

weiche Butter zum Bestreichen des Strudels

**Füllung:**

80 g Rosinen

2 - 3 EL Rum

1 1/2 kg säuerliche Äpfel

125 g Zucker

1 Msp. Zimt

**Außerdem:**

100 g Semmelbrösel

etwas Mehl

100 g Butter zum Bestreichen

Staubzucker (Puderzucker) zum Bestäuben

● Für den Strudelteig das Mehl in eine Schüssel sieben. In die Mitte eine Mulde eindrücken. Salz, Butter oder Öl und das versprudelte Ei hinzufügen. Zu einem weichen, glatten Teig verkneten. So viel Wasser hinzufügen, bis der Teig eine mittelfeste Konsistenz erhalten hat. Von Hand so lange weiterkneten, bis er nicht mehr klebt, sondern „seidig" glänzt. Dabei mehrfach auf ein bemehltes Backbrett werfen, bis er ganz glatt und weich ist. Nun daraus eine Kugel formen, mit Butter oder Öl bestreichen, zudecken und mindestens 30 Minuten rasten lassen.

● Inzwischen die Füllung vorbereiten. Hierzu die gründlich gewaschenen, gut abgetropften Rosinen in eine kleine Schüssel geben und mit Rum beträufeln. Durchziehen lassen.

● Die Äpfel schälen, vierteln, vom Kernhaus befreien und grob raspeln Zucker mit Zimt gemischt, darüberstreuen.

● Auf einem bemehlten Tuch (Strudeltuch) den Teig ca. 1/2 cm dick aus-

rollen und mit einem Nudelholz austreiben. Mit den Handrücken unterfassen und vor der Mitte her langsam, vorsichtig nach außen ziehen, bis der Teig hauchdünn ist. Die dikkeren Teigenden gegebenenfalls wegschneiden.

● Sind beim Ausziehen Löcher entstanden, so „verklebt" man diese mit dünn ausgezogenen Stückchen aus den Teigrändern.

● Das Backrohr auf 200 - 220°C vorheizen. Das Backblech einfetten.

● Den Strudelteig mit Semmelbröseln bestreuen und zu 2/3 mit Äpfeln belegen. Dabei ringsum einen etwa 3 cm breiten Rand freilassen. Darüber die Rosinen verteilen. Die seitlichen Teigränder einschlagen und den Strudel mit Hilfe des Tuches von der Seite her eng aufrollen. Aus dem Tuch mit der Teignaht nach unten auf das Backblech gleiten lassen und mit etwas Butter bestreichen.

● Im heißen Backrohr in ca. 40 - 50 Minuten goldbraun backen, dabei immer wieder einmal mit Butter bestreichen. Noch warm, mit Saubzucker bestreut servieren.

# Semmelschmarrn mit Weinchaudeau (Weinschaumsoße)

| Für den Schmarrn: | Für den Weinchaudeau: |
|---|---|
| 8 altbackene Semmeln | 3 Eidotter (Eigelb) |
| 4 Eier, 2 - 3 EL Zucker | 125 g Zucker |
| 1/2 l lauwarme Milch | 20 g Stärkemehl |
| 80 g Butterschmalz zum Backen | 1/2 l trockener Weißwein |
| 2 EL Zimtzucker zum Bestreuen | Saft und Schale 1/2 un behandelten Zitrone |

● Die Semmeln fein aufschneiden und in eine größere Schüssel geben. Eier mit Milch versprudeln, über die Semmeln gießen, umrühren und etwa 30 Minuten rasten lassen.

● In einer großen Pfanne die Hälfte des Butterschmalzes erhitzen, die Semmelmasse hineingeben und bei mäßiger Hitze anbacken lassen. Wenden, mit einer Gabel in Stücke zerteilen, das restliche Butterschmalz dazugeben und unter weiterem Umrühren fertigbacken.

● Zuletzt mit dem Zucker bestreuen, nochmals wenden und leicht karamelisieren lassen.

● Auf einer Platte anrichten und mit Zimtzucker bestreuen.
● Für den Weinchaudeau Eidotter mit Zucker schaumig rühren, Stärkemehl dazugeben, Wein sowie Zitronensaft und -schale hinzufügen.

● Im Wasserbad oder bei niedriger Kochstufe unter beständigem Rühren mit einem Schneebesen abschlagen, bis die Masse dickschaumig ist (nicht kochen lassen). Warm oder kalt zum Semmelschmarrn servieren.

# Germknödel mit Mohn

| | |
|---|---|
| 250 g Mehl | 30 g Butter |
| knapp 1/8 l lauwarme Milch | 1 - 2 TL Rum, etwas Zimt |
| 15 g Germ (Hefe) | 50 g gem. Mohn |
| 1 EL Zucker, 1 Prise Salz | 60 g Staubzucker (Puderzucker) |
| 1 Eidotter (Eigelb) | |
| ca. 100 g „Powidl" (Zwetschkenmus) | 50 - 60 g zerlassene Butter |

● Das Mehl in eine Rührschüssel sieben. Milch, zerbröckelten Germ und Zucker gut vermischen und darübergeben. Salz, Eidotter sowie Butter hinzufügen und alles mit dem Elektroquirl zu einem glatten Teig verarbeiten. Diesen zugedeckt an einem warmen Ort ca. 30 - 40 Minuten gehen lassen.
● Powidl mit Rum und Zimt verrühren.

● Den Germteig auf bemehlter Arbeitsfläche ca. 1 cm dick ausrollen. In 4 oder 8 gleichgroße Stücke zerteilen und diese etwas breit drücken. Jedes Stückchen mit Powidl füllen, die „Nahtstellen" gut zusammendrücken, Knödel formen und nochmals ca. 20 Minuten gehen lassen.

● Inzwischen in einem großen, weiten Topf ca. 3 l gesalzenes Wasser aufkochen. Die Knödel einlegen und von beiden Seiten auf niedriger Stufe je ca. 6 - 8 Minuten garen lassen. Mit Hilfe einer Schaumkelle herausheben, abtropfen lassen und auf Teller verteilen.

● Mohn mit Staubzucker mischen und die Germknödel damit bestreuen. Zuletzt reichlich zerlassene Butter darüberträufeln.

**Unsere Tips:**
Für eine Garprobe stechen Sie die Knödel mehrmals mit einem Zahnstocher ein. Haftet kein Teig mehr an, so sind sie ausreichend gar.
Die Germknödel können Sie auch über Dampf zubereiten. Befestigen Sie dann ein angefeuchtetes, mit Fett bestrichenes Küchentuch über einem mit reichlich Wasser gefüllten Topf. Kocht der Inhalt, so werden die Knödel nebeneinander auf das Tuch gelegt und mit einer großen Schüssel abgedeckt. Die Garzeit beträgt dann ca. 14 - 18 Minuten.

# Scheiterhaufen

| | |
|---|---|
| 8 altbackene Semmeln (Brötchen) | 80 g Zucker, 2 EL Rum |
| 1/2 l lauwarme Milch | abgeriebene Schale einer 1/2 ungespritzten Zitrone |
| weiche Butter für die Form | 50 g Rosinen |
| 50 g weiche Butter | 30 g gehackte Haselnüsse |
| 4 Eidotter (Eigelb), 4 Eiweiß | 500 g Äpfel |
| | 30 g Butterflöckchen |

● Die Semmeln in kleine Würfel schneiden, in eine Rührschüssel geben, mit der Milch übergießen und ca. 30 Minuten stehen lassen.

● Das Backrohr auf 200 - 220 °C vorheizen.

● Eine größere Auflaufform einfetten. Aus Butter Zucker, Eidotter, Rum und Zitronenschale eine Schaummasse rühren. Die eingeweichten Semmeln, Rosinen und Haselnüsse untermischen.

● Äpfel schälen, vierteln, vom Kerngehäuse befreien und feinblättrig schneiden. Unter die Masse mischen. Eiweiß steif schlagen und locker unterheben. Die Masse in die vorbereitete Auflaufform füllen, mit Butterflöckchen belegen und 40 - 50 Minuten goldbraun backen.

**Unser Tip·**

Für den in Wien bekannten und beliebten „Kipferlkoch" verwenden Sie anstelle der Semmeln altbackene „Kipferl" (Hörnchen). Da diese aus süßem Germteig gebacken sind können Sie die Zuckermenge auf 40 g reduzieren.

# Millirahmstrudel mit Kanarimilch

<u>Strudelteig:</u>
250 g Mehl

1 Prise Salz

20 g zerlassene Butter oder 2 EL Öl

1 Ei

ca. 100 ml lauwarmes Wasser

etwas Butter oder Öl zum Bestreichen des Teiges

weiche Butter zum Bestreichen des Strudels

<u>Füllung:</u>
80 g Rosinen

6 - 7 altbackene Semmeln

1/8 l lauwarme Milch

100 g weiche Butter

125 g Zucker

5 Eidotter (Eigelb)

1 Prise Salz

125 g Topfen (Quark), gut abgetropft

125 g Sauerrahm (saure Sahne)

1 EL Vanillezucker

Saft und Schale 1 kleinen, unbehandelten Zitrone

5 Eiklar (Eiweiß), 2 EL Zucker

2 EL Butter zum Einfetten der Form

<u>Guß:</u>
1/4 l lauwarme Milch

1 EL Zucker

1 EL Vanillezucker

2 Eidotter (Eigelb)

<u>Kanarimilch (Vanillesoße):</u>
1/2 l Milch

2 Eidotter (Eigelb)

Mark 1/2 Vanilleschote

60 - 70 g Zucker

● Aus den angegebenen Zutaten, wie im Rezept „Altwiener Apfelstrudel" (Seite 60) beschrieben, einen Strudelteig zubereiten und etwa 30 Minuten lang zugedeckt rasten lassen.

● Inzwischen die Füllung vorbereiten. Hierzu zunächst die Rosinen gründlich waschen und gut abtropfen lassen. Die Semmeln abrinden und kleinwürfeln. In eine Schüssel geben und mit Milch anfeuchten.

● Butter mit Zucker sowie Eidottern schaumig rühren. Salz, Topfen, Sauerrahm, Vanillezucker und Zitronenschale gleichmäßig darunter verteilen. Eiklar mit Zucker und Zitronensaft schnittfest schlagen, unterziehen. Die Semmeln ausdrücken und sehr gleichmäßig unter die Topfenmasse geben. Hierzu am besten eine Gabel verwenden.

● Das Backrohr auf 180 - 200 °C vorheizen.

● Den Strudelteig auf einem mit Mehl bestreuten Backtuch ausrollen. Die Füllung darauf gleichmäßig verteilen. Dabei ringsum einen etwa 3 cm breiten Rand freilassen. Zuletzt die Rosinen darüber streuen.

● Den Strudel von der Seite her eng aufrollen und mit der Teignaht nach unten in eine größere, gefettete Form geben. Mit zerlassener Butter bestreichen.

● In etwa 50 - 60 Minuten goldgelb backen. Für den Guß alle Zutaten verquirlen und nach ca. 20 Minuten Backzeit über den Strudel in die Form gießen.

● Anschließend die „Kanarimilch" zubereiten. Hierzu die Milch mit Eidottern verrühren, Vanillemark und Zucker dazugeben und unter beständigem Schlagen erwärmen, jedoch nicht kochen.

● Den fertig gebackenen Strudel einige Minuten ausdampfen lassen, dann mit reichlich Staubzucker bestreuen und mit der noch warmen „Kanarimilch" servieren.

# Fächerpalatschinken
mit Erdbeeren und Eiscreme

Palatschinken nach Grundrezept Seite 70

| Frische Erdbeeren | Likör nach Geschmack |
| --- | --- |
| Vanille - Eiscreme | Frische Minze |

● Frisch gebackenen Palatschinken fächerartig auf Desserttellern anrichten. Erdbeeren darüber verteilen. Einige Erdbeeren mit Likör im Mixer pürieren und als Frucht-

soße dazugeben.

● Zuletzt je eine Kugel Eiscreme auf die Teller legen und das Dessert mit frischer Minze garniert servieren.

# Palatschinken mit Schokolade

Palatschinken nach Grundrezept Seite 70

| 150 g geriebene Schokolade | 200 ml geschlagenen Obers (süße Sahne), Zucker |
|---|---|

● Frisch gebackene Palatschinken mit der Hälfte der geriebenen Schokolade bestreuen, einrollen und auf Desserttellern anrichten. Mit der

restlichen Schokolade auch oben bestreuen und mit dem mit Zucker geschlagenen Obers garniert anrichten.

# Palatschinken mit Nußfülle

Palatschinken nach Grundrezept Seite 70

| 100 g gemahlene Haselnüsse | 1 Msp. Zimt |
|---|---|
| 50 g Zucker | 6 - 8 EL Obers (süße Sahne) |

● Die gemahlenen Haselnüsse mit Zucker und Zimt mischen und so viel Obers dazugeben, daß eine cremige Masse entsteht.

Die vorbereiteten Palatschinken damit bestreichen, dann aufrollen und warm servieren.

# Topfen-Palatschinken

Teig (Grundrezept):
250 g Mehl

4 Eier

3/8 l Milch

1/4 TL Salz

60 g Butterschmalz zum Backen

Füllung:
40 g weiche Butter

80 g Zucker

3 Eier, getrennt

300 g Topfen (Quark)

1 EL Vanillezucker

1 Prise Salz

abgeriebene Schale 1/2 unbehandelten Zitrone

1 EL Zitronensaft

50 g Rosinen

Außerdem:
40 g Staubzucker  (Puder-zucker) zum Bestreuen

● Mehl mit Eiern, Milch und Salz zu einem glatten Teig verrühren. Hierzu am besten den Elektroquirl einsetzen. Mindestens 30 Minuten zum Ausquellen rasten lassen.

● Für die Füllung Butter mit Zucker und Eidottern (Eigelb) schaumig rühren. Abgetropften Topfen, Va-nillezucker, Salz, Zitronen-schale sowie -saft darun-termischen. Eiklar (Eiweiß) steif schlagen und unter-ziehen. Zuletzt die gewa-schenen, gut abgetupften Rosinen hinzugeben.

● In einer mittelgroßen Pfanne das Butterschmalz erhitzen. Etwa 1/8 des Tei-ges mit Hilfe eines Schöpflöffels hineingeben, die Pfanne leicht schwen-

ken, damit der Boden bedeckt ist. Insgesamt 8 „Palatschinken" (dünne Pfannkuchen) bei schwacher Hitze beidseitig goldgelb backen.

● Nun die Palatschinken einzeln mit der Topfenmasse bestreichen, aufrollen und mit reichlich Staubzucker bestreut servieren.

**Interessant für Sie:**
Der „Palatschinken"

(Pfannkuchen, Eierkuchen), gehört seit dem 19. Jahrhundert zu den Standardgerichten der Wiener Küche. Seine Herkunftsgeschichte ist zudem wissenswert: Aus Rumänien kommend, dort „placinta" = flacher Fladen genannt, machten die Ungarn daraus „palacinta". Die Wiener übernahmen diesen Begriff und nannten die Mehlspeise „Palatschinken".

# Dukatenbuchteln

| | |
|---|---|
| 500 g Mehl, Salz | abgeriebene Schale 1/2 unbehandelten Zitrone |
| 30 g Germ (Hefe) | |
| knapp 1/4 l lauwarme Milch | 100 g Butter zum Backen |
| 1 Ei, 75 g Zucker | Marillen (Aprikosen)-Marmelade oder „Powidl" (Zwetschkenmus) zum Füllen |
| 1 Pa Vanillezucker | |
| 80 g weiche Butter | |

● Mehl mit Salz in eine Rührschüssel sieben. In die Mitte eine Vertiefung eindrücken, Germ zerbröckeln, hinzugeben und mit etwas Milch und Zucker verrühren. Dieses „Dampfl" zugedeckt an einem warmen Ort ca. 20 - 30 Minuten gehen lassen.

● Die restliche Milch, den restlichen Zucker, Vanillezucker, Ei, Butter und Zitronenschale hinzugeben und zu einem weichen Teig verarbeiten, der sich gut vom Schüsselrand lösen muß.

● Den Teig auf bemehlter Arbeitsfläche ca. 2 cm dick austreiben, in kleine Quadrate schneiden, darauf je 1/2 - 1 Teelöffel Marmelade oder „Powidl" geben und zusammenfassen.

● Eine größere Bratreine oder eine hitzebeständige Auflaufform mit etwas Butter ausstreichen und die Buchteln mit der glatten Seite nach oben nebeneinander hineinsetzen. Abgedeckt nochmals 15 - 20 Minuten gehen lassen. Inzwischen das Backrohr auf 180 - 200°C vorheizen.

● Die Oberseite der Buchteln mit reichlich Butter bestreichen, in das Backrohr geben und ca. 45 Minuten backen, dabei nochmals mit Butter bestreichen.

● Ist die Oberseite schön hellbraun geworden, so ist das Gebäck fertig.

**Unser Tip:**

Zu den Buchteln paßt sehr gut die „Kanarimilch" (Vanillesoße). Das Rezept finden Sie auf der Seite 66.

# Saftige „Nußnudeln"

| | |
|---|---|
| 500 g mehlig kochende Erdäpfel (Kartoffeln) | Butter oder Butterschmalz |
| 50 g Butter, 175 g Mehl | 125 g gemahlene Nüsse (Walnüsse oder Hasel- |
| 50 g feiner Grieß | nüsse) |
| 2 Eidotter (Eigelb) | 2 - 3 EL Zucker |
| 1 Prise Salz, etwas Muskat | 3 EL Puderzucker |

● Die Erdäpfel in der Schale weichkochen, noch heiß schälen und durch eine Presse drük-ken. Die Erdäpfel mit der Butter, dem Mehl, Grieß, Eidottern und Salz zu einem glatten Teig verar-beiten. Anschließend etwa 20 - 30 Minuten lang rasten lassen.

● In einem großen Topf reichlich gesalzenes Wasser erhitzen.

● Den Erdäpfelteig auf bemehlter Arbeitsfläche zu einer ca. 2 cm dicken Rolle formen, davon nuß-große Stücke abschnei-den. Diese zu spitz aus-laufenden etwa 3 cm langen „Nudeln" formen.

● Diese in das leicht kochende Wasser geben und bei niedriger Stufe in etwa 8 - 10 Minuten - je nach Größe - garen. An-schließend auf ein Sieb geben und gut abtropfen lassen.

● In einer halbhohen Pfanne die Butter oder das Butterschmalz erhitzen. Unter Rühren die Nüsse und den Zucker dazuge-ben. Die abgetropften Nudeln hinzufügen und gut durchschwenken.

● Auf Tellern verteilen und mit Staubzucker bestreut servieren.

# „Mohr im Hemd"

| | |
|---|---|
| 75 g weiche Butter | |
| 90 g Zucker | |
| 4 Eidotter (Eigelb) | |
| 4 Eiklar (Eiweiß) | |
| 1 TL Zitronensaft | |
| 80 g geschmolzene Zartbitterschokolade | |
| 1 1/2 Semmeln (Brötchen), abgerieben, in Milch eingeweicht, ausgedrückt, und durchpassiert | |
| 60 g gemahlene Mandeln | |
| 50 g Semmelbrösel | |
| weiche Butter und Semmelbrösel für die Form | |
| 200 ml Schlagrahm (süße Sahne) | |
| 2 EL Zucker | |

● Die Butter mit 60 g Zucker und den Eidottern sehr schaumig rühren. Weiche Schokolade, vorbereitete Semmeln, gemahlene Mandeln, sowie Semmelbrösel dazugeben und alle Zutaten gut verrühren.

● Die Eiklar halbsteif schlagen, den restlichen Zucker einrieseln lassen und einige Tropfen Zitro-nensaft dazugeben. Weiter schlagen, bis die Masse sehr steif ist. Vorsichtig unter die Eidottermischung heben.

● Eine hitzebeständige Puddingform (Wasserbadform) mit Butter einfetten und mit Semmelbröseln ausstreuen. Die Teigmasse einfüllen, die Form verschließen und im siedenden Wasserbad für

1 Stunde kochen lassen. Kurz abdämpfen, dann stürzen.

● Mit gesüßtem, geschlagenem Rahm servieren.

**Unser Tip:**

Sollten Sie keine spezielle Form besitzen, so können Sie auch eine Guglhupfform aus Metall oder hitzebeständigem Porzellan einsetzen. Die Teigmasse wird in die gefettete und angebröselte Form gegeben. In die tiefe Bratpfanne (Backrohr) gibt man ca 1 1/2 l heißes Wasser, setzt die Form hinein und deckt sie mit einem großen Porzellanteller ab. Nun kann der Teig darin in etwa 1 1/2 Stunden gar werden.

# Böhmische Dalken mit Powidl

**Teig:**

| |
|---|
| 250 g Mehl |
| 20 g Germ (Hefe) |
| 21 EL Zucker |
| etwa 1/4 l lauwarme Milch |
| 40 g Butter, 2 Eier |
| 1 Prise Salz |
| abgeriebene Schale 1/2 unbehandelten Zitrone |
| 60 g Butterschmalz zum Backen |
| „Powidl" (Zwetschkenmus) zum Füllen |
| 70 g Zimtzucker zum Bestreuen |
| etwas Rum |

● Das Mehl in eine Schüssel sieben, in die Mitte eine Vertiefung drücken.

● Germ zerbröckeln, hinzugeben und mit etwas Milch und Zucker verrühren. Dieses „Dampfl" zugedeckt an einem warmen Ort ca. 20 Minuten gehen lassen.

● Die Butter in der restlichen Milch zergehen lassen, nach und nach mit Eiern, Salz und Zitronenschale unter das Mehl rühren und zu einem weichen, dickflüssigen Teig verarbeiten. Nochmals 15 - 20 Minuten zugedeckt gehen lassen.

● In die Vertiefungen der Dalkenpfanne (ähnlich einer Spiegeleierpfanne) etwas Butterschmalz geben und erhitzen. In jede Vertiefung gut 1 EL Teig füllen, anbacken lassen, wenden und auch die andere Seite langsam backen.

● Je 2 Dalken mit „Po-widl", den man gut mit Rum abgeschmeckt hat, bestreichen und zusammensetzen. Zuletzt das Gebäck überzuckern und lauwarm servieren.

### Interessant für Sie:

Die „Dalken" - in Niederösterreich auch „Tegelkrapfen" genannt - kamen zur Zeit, „ als Böhmen noch bei Österreich war", nach Wien und werden dort oft zubereitet. Sollten Sie keine passende Dal-kenpfanne besitzen, so bereiten Sie den Germ-Teig nur mit 1/3 l Milch zu. Er ist dann nicht so flüssig. Auf einem bemehlten Backbrett der Teig etwa 1/2 cm dick ausrollen und mit Hilfe eines Glases runde Scheiben von ca. 6 cm Größe ausstechen. Diese nochmals gehen lassen, dann in einer großen Pfanne in heißem Öl oder Butterschmalz von beiden Seiten goldgelb ausbacken.

# Wiener „Schlosserbuam"

300 - 400 g große Dörr-
zwetschken
(getrocknete Pflaumen)

Wasser, mit etwas Rum
gemischt, zum Einweichen

70 - 80 g ganze,
abgezogene Mandeln

etwas Zimt, mit Zucker
gemischt

Backteig:
150 g Mehl

2 Eidotter (Eigelb)

3 EL Öl

1/8 l Milch, trockener
Weißwein oder Bier

1 Prise Salz, 20 g Zucker

2 Eiklar (Eiweiß)

750 g Backfett, z. B.
Butterschmalz zum
Ausbacken

50 g geriebene Schokolade

50 g Staubzucker
(Puderzucker)

● Die Dörrzwetschken am besten über Nacht - mindestens jedoch 4 Stunden - in kaltem, etwas mit Rum gemischtem Wasser einweichen. Dann gut ab-tropfen lassen, einschneiden, den Kern entfernen und hierfür je eine Mandel hineingeben. Mit Zimtzucker bestreuen.

● Für den Backteig das Mehl in eine Schüssel sieben, und mit Eidottern, Öl, Flüssigkeit sowie Salz und Zucker zu einem glatten Teig verrühren. Diesen mindestens 1 Stunde lang rasten lassen, dann Eiklar zu festem Schnee schlagen und vorsichtig unter den Teig ziehen.

● Das Backfett erhitzen.

● Die Zwetschken in den Backteig eintauchen, so daß sie vollständig umhüllt sind, dann mit Hilfe einer Schaumkelle in das heiße Fett geben und goldbraun ausbacken. Vorsichtig herausheben und auf Küchenpapier abtropfen lassen.

● Geriebene Schokolade mit Staubzucker mischen und die „Schlosserbuam" darin wälzen. Noch warm mit Erdbeersoße servieren.

# Wiener „Waschermadln"

| | |
|---|---|
| 12 reife Marillen (Aprikosen) | Staubzucker (Puderzucker) |
| 100 g Marzipan | 750 g Backfett z. B. Butter- |
| 1 - 2 EL Marillenlikör | schmalz, zum Ausbacken |
| Backteig wie im Rezept „Schlosserbuam" | etwas Zucker, mit Vanille- |
| | zucker gemischt |

● Die Marillen waschen, schälen, zur Hälfte einschneiden und vorsichtig entkernen. Anstelle des Kerns mit einer kleinen Marzipankugel füllen. Mit Marillenbrand beträufeln und mit Staubzucker bestreuen. Durchziehen lassen.

● Inzwischen, wie im Rezept „Schlosserbuam" beschrieben, einen Backteig zubereiten und rasten lassen.

● Die Marillen in den Teig eintauchen, in heißem Fett ausbacken, abtropfen lassen, und, mit dem Zuckergemisch bestreut, warm servieren.

**Interessant für Sie:**

Die „Waschermadln" sind ein Alt-Wiener Faschingsgebäck, zu dem man gerne eine „Melange" (Milchkaffee mit Sahnehaube) trinkt.

# Feine Mokkacreme

| | |
|---|---|
| 2 Eidotter | 1 weißes Gelatinepulver |
| 4 - 5 gestr. TL Pulverkaffee | 2 Eiklar (Eiweiß) |
| 1/2 l Milch | 1/8 l Schlagobers (süße Sahne) |
| 50 - 75 g Zucker | |
| 1 Pa. Vanillezucker | Mokkabohnen als Garnitur |

● Eidotter und Pulverkaffee mit etwas Milch verrühren. Die restliche Milch mit Zucker, Salz und Vanille langsam ankochen, dann von der Kochstelle nehmen und sogleich die Eidotter - Kaffeemischung sowie die nach Herstellerangabe aufgelöste Gelatine unterrühren. Kalt stellen.

● Sobald die Masse dicklich wird, steif geschlagenen Eischnee und Schlagobers unterziehen.

● In eine Servierschüssel füllen und nach dem Festwerden mit Mokkabohnen garnieren.

# Topfenknödel mit Zwetschkenröster

| | |
|---|---|
| 500 g Topfen (Quark) | 100 g Semmelbrösel |
| 4 Eier | 60 g Butter |
| 120 g Semmelbrösel | 500 g reife Zwetschken |
| 100 g Zucker, Salz | Zucker, Zimt, Rum etwas Zitronensaft |
| 1 Pa Vanillezucker | |

● Den Topfen abtropfen, in eine Schüssel geben, mit Eiern, Semmelbröseln, Zucker, Salz und Vanillezucker zu einem geschmeidigen Teig verarbeiten. Ca. 45 Minuten ruhen lassen.

● Mit feuchten Händen kleine Knödel formen, in kochendes Salzwasser geben und auf niedriger Stufe ca. 10 Minuten ziehen lassen. Herausnehmen, abtropfen und in mit Butter gerösteten Semmelbröseln wälzen.

● Für den Zwetschkenröster die Früchte waschen, halbieren und mit Zucker, Zimt, Rum sowie Zitronensaft in einer Pfanne erhitzen.

# Rehrücken mit Pignoli

| | |
|---|---|
| 100 g weiche Butter | 100 g gemahlene Mandeln |
| 100 g Staubzucker (Puderzucker) | 1 TL Backpulver |
| 100 g im Wasserbad geschmolzene Schokolade | Schokoladenglasur zum überziehen |
| 6 Eidotter (Eigelb), 6 Eiklar (Eiweiß) | 60 g Pignoli (Pinienkerne) |
| 50 g Zucker, 60 g Mehl | Butter und Semmelbrösel für die Form |
| 60 g Stärkemehl | Schlagobers (Schlagsahne) |

● Butter und Staubzucker schaumig rühren. Nach und nach geschmolzene Schokolade sowie Eidotter dazugeben und weiterrühren.

● Eiklar steif schlagen, den Zucker löffelweise einrieseln lassen und weiterschlagen, bis die Mischung schnittfest ist.

Auf die Schaummasse geben. Mandeln darüberstreuen.

● Mehl mit Stärkemehl sowie Backpulver mischen und darübersieben. Alles locker vermischen.

● Eine Rehrückenform mit Butter einfetten und mit Semmelbröseln ausstreuen.

● Das Backrohr auf 170 - 190°C vorheizen.

● Den Teig in die Form füllen, glattstreichen und 50 - 60 Minuten backen. Den Kuchen in der Form kurz ausdämpfen lassen, dann auf ein Gitter stürzen.

● Abgekühlt mit geschmolzener Schokolade gleichmäßig überziehen und mit den Pignoli „spicken". Mit Schlagobers servieren.

# Schokoladenbrezeln

| | |
|---|---|
| 200 g Butter | 1 Prise Salz |
| 200 g Staubzucker (Puderzucker) | 250 g Mehl |
| | 70 g Kakao |
| 1 Eidotter (Eigelb) | 500 g Kuvertüre |
| 4 EL Rum | Backpapier |

● Die Butter mit dem Staubzucker in eine Rührschüssel geben und zu einer cremigen Masse verkneten. Eidotter hinzugeben. Zuletzt das gesiebte Mehl mit dem Kakaopulver mischen und unterkneten.

● Den Teig nun zugedeckt mindestens 2 Stunden im Kühlschrank rasten lassen.

● Anschließend die Teigmenge in 3 Teile schneiden, jedes Teil auf einem bemehlten Backblech zu einem ca. 40 cm langen Strang rollen. In 20 gleichmäßige Stücke teilen und daraus einzelne dünne Stränge ausrollen. Das Backrohr auf 170 - 190°C vorheizen.

● Aus den kleinen Teigsträngen Brezeln formen und die Enden mit etwas Eiweiß festkleben.

● Die geformten Brezeln nicht zu dicht nebeneinander auf ein ungefettetes oder mit Backpapier ausgelegtes Backblech geben und im vorgeheizten Backrohr bei 170 - 190°C in 8 - 11 Minuten abbacken.

● Die Kuvertüre im Wasserbad schmelzen und die abgekühlten Brezeln einzeln eintauchen.

● Auf Backpapier legen und die Schokolade festwerden lassen.

Menge: ca. 60 Stück

# Wiener Vanillekipferl

| | |
|---|---|
| 300 g Mehl | 3 Eidotter (Eigelb) |
| 125 g Zucker | 125 g gem. Mandeln |
| 1 Pa Vanillezucker | 250 g Butter |
| etwas Vanillemark | 2 Pa Vanillezucker zum Wenden |

● Alle Zutaten rasch zu einem glatten Mürbteig verkneten und ca. 1 Stunde kühl rasten lassen.

● Den Teig zu einer dünnen Rolle formen, davon kleine, gleichgroße Stücke abschneiden, diese zu „Kipferl" formen und auf ein gut gefettetes oder mit Backpapier ausgelegtes Backblech setzen.

● Bei 170 - 190°C im vorgeheizten Backrohr in 12 - 14 Minuten goldgelb bakken. Noch heiß in Vanillezucker wenden.

Menge: ca. 60 Stück

# Sachertorte

| |
|---|
| 150 g Butter |
| 100 g feinster Staub-zucker (Puderzucker) |
| 8 Eidotter (Eigelb) |
| 150 g zartbittere Schoko-ladenkuvertüre |
| 150 g Mehl |
| 8 Eiklar |
| 50 g feiner Zucker |
| 2 EL Marillen (Aprikosen)-Marmelade |
| 1/4 l Süßrahm (Sahne) |
| diverse Tortengarnitur |

● Weiche Butter mit Staubzucker glattrühren. Nacheinander die Eidotter dazugeben und die Mischung mit Hilfe des Elektroquirls oder der Küchenmaschine zu einer dicklichen Creme verschlagen. Die zerkleinerte Kuvertüre im Wasserbad oder im Mikrowellengerät schmelzen. Unter Rühren abkühlen lassen und lauwarm, teelöffelweise in die Creme einrühren. Gesiebtes Mehl hinzufügen. Eiklar mit Zucker steif schlagen und mit Hilfe eines Schneebesens locker unterheben.

● Eine Springform (ø 24 cm) am Boden mit Backpapier auslegen. Den Teig einfüllen. Bei 170 - 190° ca. 50 - 60 Minuten backen. Nach dem Backen einige Minuten stehen lassen, dann die Torte aus der Form nehmen und auf einem Kuchengitter völlig auskühlen lassen. Das Backpapier abziehen und evtl. den Boden etwas glattschneiden.

● Die Marillen- (Apriko-
sen) - Marmelade glatt-
rühren, leicht erwärmen
und die Torte damit, auch
an den Rändern, dünn
bestreichen.

● Die Schokoladenglasur
schmelzen und die Torte
damit gleichmäßig über-
ziehen. Eventuell dekrie-
ren und mit Schlagobers
servieren.

**Interessant für Sie:**
Das vorgenannte Rezept
einer typischen Sacher-
torte ist leider nicht das
„Original-Sacher" Rezept.
Das nämlich ist streng
gehütetes Geheimnis der
Fa. Sacher in Wien. Sie
produziert übrigens in
Spitzenzeiten bis zu 2000
Exemplare der berühmten
Torten täglich, um sie
auch in die ganze Welt zu
verschicken.

# Wiener Savarin

| | |
|---|---|
| 250 g Mehl | 200 g Marillen- (Apriko- |
| 15 g Germ (Hefe) | sen) konfitüre und 1 EL Zi- |
| knapp 1/4 l lauwarme Milch | tronensaft zum Überziehen |
| 75 g weiche Butter | **Zum Tränken:** |
| 60 g Zucker | 1/4 l Wasser |
| 1 Ei, 1 - 2 Eidotter (Eigelb) | 250 g Zucker |
| 1 Prise Salz | Saft 1 Orange |
| abgeriebene Schale 1/2 | Saft 1 Zitrone |
| unbehandelten Zitrone | 1 Nelke, 1/4 Zimtstange |
| | 100 ml Rum |

● Aus den angegebenen Zutaten unter Zugabe von Zitronenschale einen Germ-(Hefe) Teig, wie im Rezept „Feine Faschingskrapfen" (Seite 94) beschrieben, zubereiten und gehen lassen.

● Eine Ringform (ø 24 cm) fetten und mit Mehl ausstreuen.

● Den Teig zu einem dicken Strang formen, in die Form geben und nochmals ca. 20 Minuten gehen lassen.

● Das Backrohr auf 180 - 200°C vorheizen, den Kuchen in 30 - 40 Minuten backen, in der Form ausdampfen lassen, dann auf ein Gitter stürzen.

● Für die Tränkflüssigkeit das Wasser mit allen anderen Zutaten (ohne den Rum) zu einem klaren Sirup aufkochen. Durchseihen und mit Rum abschmecken.

● Den Savarin mit der heißen Flüssigkeit sehr saftig tränken. Anschliessend die Marillenkonfitüre mit Zitronensaft und etwas Wasser aufkochen, glattrühren, durch ein Sieb streichen und den Kuchen damit überglänzen. Warm servieren.

# Wiener Topfenstollen

| | |
|---|---|
| 250 g Topfen (Quark) | 350 g Mehl |
| 150 g weiche Butter | 100 g Stärkemehl |
| 150 g Zucker | 4 gestr. TL Backpulver |
| 1 Pa Vanillezucker | 100 g Mandelsplitter |
| 1/2 gestr. TL Salz | 200 g Trockenfrüchte |
| abgeriebene Schale einer ungespritzten Zitrone | 2 EL Rum |
| 1/2 gestr. TL Zimt | flüssige Butter zum Bestreichen |
| 1 Ei | Staubzucker (Puderzucker) zum Bestäuben |

● Topfen, weiche Butter, Zucker, Vanillezucker, Salz, Zitronenschale, Zimt, Ei, Mehl, Speisestärke und Backpulver in eine Rührschüssel geben. Mit dem elektrischen Handrührgerät zu einem geschmeidigen Teig verkneten. Zuletzt Mandelstifte und mit Rum vermischtes, kleingeschnittenes Trockenobst dazugeben. Nochmals gut durchkneten.
● Auf bemehlter Arbeitsfläche ausrollen und um-

schlagen, wodurch die typische Stollenform erreicht wird. Auf ein gut gefettetes und bemehltes oder mit Backpapier ausgelegtes Backblech geben und im vorgeheizten Backrohr bei 175 - 200° C in 50 - 60 Minuten ausbacken.

● Noch heiß mit flüssiger Butter bestreichen und mit Staubzucker reichlich bestäuben.

# Preßburger Nuß- oder Mohnbeugel

| Teig: | 1 EL Semmelbrösel |
|---|---|
| 300 g Butter | 1 EL Marillen-(Aprikosen) Konfitüre |
| 500 g Mehl | |
| 3 EL Zucker | etwas Rum |
| 4 Eidotter (Eigelb) | oder Mohnfülle: |
| 40 g Germ (Hefe) | 1/4 l Milch |
| 6 - 7 EL lauwarme Milch | 100 g Zucker |
| 1 Prise Salz | 1 EL Honig |
| 1 - 2 Eidotter (Eigelb) zum Bestreichen | 250 g gemahlener Mohn |
| Nußfülle: | abgeriebene Schale 1 unbehandelten Zitrone |
| 150 g gemahlene Haselnüsse | 1 Msp. Zimt |
| | 1 EL Rum |
| 75 g Zucker | 50 g Rosinen (nach Belieben) |
| 1 Pa Vanillezucker | |
| 6 EL Rahm (süße Sahne) | 3 EL Semmelbrösel |

● Das Mehl in eine Schüssel sieben, die Butter in Flöckchen darauf verteilen. Mit Zucker, Eidotter und mit in lauwarmer Milch aufgelöstem Germ sowie Salz zu einem glatten Teig verarbeiten. Etwa 30 Minuten an einem warmen Ort zugedeckt gehen lassen,

● Inzwischen die Nuß - oder Mohnfüllung vorbereiten.

● Für die Nußfülle alle
Zutaten in der abgegebe-
nen Reihenfolge mischen
und mit Marillenkonfitüre
sowie Rum abschmecken.
Für die Mohnfülle Milch mit
Zucker und Honig auf-
kochen, den Mohn dazu-
geben und dicklich ab-
rösten. Alle übrigen Zutaten unterrühren.

● Auf bemehlter Arbeits-
fläche den Germteig sehr
dünn austreiben und in
gleichgroße Vierecke
schneiden.

● Das Backrohr auf 180 -
200 °C vorheizen.

● Die Nuß- oder Mohnfülle
auf die Teigstückchen
geben. Diese zu „Beu-
geln" (Hörnchen) formen
und mit versprudeltem
Eidotter bestreichen.

● Auf ein gefettetes und
bemehltes Backblech
geben und in 20 - 25 Mi-
nuten goldbraun backen.
Möglichst frisch servieren.

89

# Kaiserguglhupf

| | |
|---|---|
| 250 g weiche Butter | etwa 1/8 l Milch |
| 200 g Zucker | 80 g Rosinen |
| 1 Pa Vanillezucker | 50 g gem. Mandeln |
| 1 Prise Salz | abgeriebene Schale 1 unbehandelten Zitrone |
| 4 Eier | etwas Zimt |
| 300 g Mehl | Butter und Semmelbrösel für die Form |
| 100 g Stärkemehl | Staubzucker (Puderzucker) zum Bestreuen |
| 1 Pa Backpulver | |
| 4 EL Rum | |

● Nacheinander weiche Butter, Zucker, Vanillezucker, Salz und Eier sehr schaumig rühren. Hierzu am besten den Elektroquirl einsetzen. Mehl und Stärkemehl sowei Backpulver mischen, darübersieben und gleichmäßig unterrühren. Zuletzt Rum, Milch, gewaschene und gut abgetropfte Weinbeeren, Mandeln, Zitronenschale und Zimt unter den Teig mischen.

● Eine Guglhupfform einfetten und mit Semmelbröseln ausstreuen.

● Das Backrohr auf 170 - 190°C vorheizen.

● Den Teig in die vorbereitete Form füllen, etwas glattstreichen und dann in 60 - 70 Minuten abbacken.

● In der Form kurz abdämpfen lassen, den Guglhupf am Rand von der Form lösen, auf ein Kuchengitter stürzen und erkalten lassen. Mit reichlich Staubzucker bestreut servieren.

# Kaffeecremetorte mit Schoko

**Teig:**

250 g weiche Butter

250 g Zucker

1 Pa Vanillezucker

1 Prise Salz

4 Eier, getrennt

200 g Mehl, 50 g Stärkemehl

1 TL Backpulver

**Creme:**

150 ml Rahm (süße Sahne)

1 Prise Salz

250 g Zartbitterschokolade

250 g Butter

200 g Staubzucker (Puderzucker)

Schokoladenraspeln und Kakao zum Bestreuen

● Butter mit Zucker, Vanillezucker und Salz sehr schaumig rühren. Eidotter hinzufügen und unterrühren. Die Eiklar steif schlagen und unterheben. Mehl mit Stärkemehl sowie Backpulver mischen und darübersieben. Alles locker vermischen.

● Das Backrohr auf 170 - 190°C vorheizen.

● Den Teig in 5 Portionen aufteilen und jede Portion in einer gefetteten Springform (ø 26 cm) in etwa 15 - 20 Minuten goldgelb abbacken. Die Teigböden einzeln auskühlen lassen.

● Für die Creme den Rahm mit Salz erwärmen, darin die Schokolade auflösen, dann den Topf in Eiswasser stellen und die Creme unter beständigem Rühren erkalten lassen.

● Butter mit gesiebtem Staubzucker schaumig rühren und die abgekühlte Schokoladencreme daruntermischen.

● 4 Böden gleichmäßig dünn mit der Creme bestreichen, jedoch etwas als Garnitur zurückbehalten. Nun die Böden aufeinander setzen und mit dem 5. Boden abdecken. Obenauf und am Rand die restliche Creme dekorativ auftragen.

● Im Kühlschrank durchziehen lassen, dann erst am Rand mit Schokoladenraspeln verzieren und mit reichlich Kakao bestäuben.

# Feine Faschingskrapfen

| | |
|---|---|
| 500 g Mehl, 40 g Germ (Hefe) | 100 g weiche Butter |
| 80 - 100 g Zucker | etwa 500 - 700 g Butterschmalz zum Ausbacken |
| 1 Pa Vanillezucker | 4 EL Marillen (Aprikosen)-Marmelade zum Füllen - nach Belieben |
| Salz | |
| etwa 1/4 l lauwarme Milch | Staubzucker (Puderzucker) zum Bestreuen |
| 2 - 3 Eidotter (Eigelb) | |

● Das Mehl in eine größere Rührschüssel sieben. In die Mitte eine Vertiefung eindrücken, Germ zerbröckeln, hinzugeben und mit etwas Milch und Zucker verrühren. Dieses „Dampfl" zugedeckt an einem warmen Ort ca. 20 - 30 Minuten gehen lassen.

● Die restliche Milch, den restlichen Zucker, Vanillezucker, Salz, Eidotter und weiche Butter hinzugeben und alles zu einem geschmeidigen Teig verarbeiten, der sich gut vom Schüsselrand lösen sollte. Hierzu am besten die Küchenmaschine oder den Elektroquirl einsetzen.

● Den Teig auf bemehlter Arbeitsfläche ca. 2 cm dick ausrollen, mit einem Glas Kreise von etwa 8 cm Durchmesser ausstechen und mit einem trockenen Tuch zugedeckt nochmals 15 - 20 Minuten gehen lassen.

● Das Butterschmalz erhitzen, die Teigkreise vorsichtig hineingeben und von jeder Seite in etwa 3 Minuten goldbraun backen lassen. Dabei ein- oder mehrmals wenden.

● Die fertigen Krapfen mit Hilfe einer Schaumkelle vorsichtig aus dem heißen Fett heben und auf Küchenpapier abtropfen lassen.

● Ausgekühlt nach Belieben mit Marillenmarmelade füllen. Hierzu am besten eine Krapfenspritzhülle einsetzen.

● Mit reichlich Staubzucker bestreut servieren.

# Wiener Kaffeespezialitäten

Wer in München oder Paris eine Tasse Kaffee bestellt, der bekommt in der Regel schnell das beliebte Getränk serviert. Ganz anders ist es in Wien. Kaffee ist hier weit mehr, als nur ein Getränk, er gehört zur Tradition. Man genießt ihn in einem der unzähligen Kaffeehäuser. Zum Genießen gehört Ruhe. Davon hat man dort so viel, daß man sogar Zeitung lesen kann, ohne vom Kellner ständig nach weiteren Wünschen gefragt zu werden. Er erneuert lediglich unaufgefordert das obligate Glas Wasser. Viele Zubereitungsarten sind bekannt. Einige davon möchte ich Ihnen nachstehend kurz vorstellen:

Ein **Pharisäer** sieht mit seiner Schlagobershaube eigentlich recht harmlos aus. Er wird jedoch mit einem kräftigen Schuß Rum zubereitet. Der **Konsul** hingegen hat mit einem echten Diplomaten nichts gemein. Hierfür braucht man nur schwarzen Kaffee mit einem Schuß Obers. Der **Einspänner** hingegen ist ein doppelter Mokka, serviert in einem hohen Gefäß mit viel Schlagobers und Staubzucker obenauf. Nach einem guten Essen bevorzugt man den **Türkischen**. Darüberhinaus gibt es noch den **Kaffee Maria Theresia** mit Orangenlikör und die sogenannte **Kaiser-Melange** mit einem Eidotter. Für den **Kapuziner** braucht man nur starken Kaffee, der mit Schlagobers abgedeckt und mit Kakao bestreut wird.

Die **kleinen** oder **großen Braunen** sind Mischungen mit flüssigem Obers. Und bleibt er übrig, so läßt man ihn erkalten, mischt ihn mit Maraschino und Eiswürfeln in einem attraktiven Glas und serviert dann einen kräftigen **Mazagran**.

Möchten Sie einen **Kaffee mit Schleppe** auftischen, dann müssen Sie schon eine der attraktiven Mehlspeisen dazu reichen.

## Zu den Rezepten:

Alle Rezepte sind für vier Personen berechnet, nur die Rezeptmenge einiger Mehlspeisen ist etwas größer gewählt, da diese gerne auch als Hauptgericht serviert werden. Die Angaben für das Backen beziehen sich auf Backöfen mit Ober- und Unterhitze. Möchten Sie hierfür die Heißluft einsetzen, so stellen Sie ca. 20 °C niedriger ein. Die Backzeiten bleiben gleich.

## Zum Gebrauch des Buches:

Es werden mehrfach Abkürzungen benutzt, die nachstehend kurz erklärt werden:

| | |
|---|---|
| EL· | Eßlöffel |
| TL | Teelöffel |
| Msp | Messerspitze |
| g | Gramm |
| kg | Kilogramm |
| l | Liter |
| cl | Zentiliter |
| ml | Milliliter |
| geh. | gehäuft |
| gem. | gemahlen |
| Pa | Päckchen |

## Bildnachweis:

Fotostudio Teubner, Füssen: Titelseite
Österreich Werbung, Wien: 2, 4, 11, 25, 63
Fotostudio Teubner, Füssen: 12, 46, 82, 89, 91
Fa. Langnese-Iglo, Hamburg: 19
Verlag Orac, Archiv Gusto: 16, 27, 29, 49, 56, 66, 76, 78, 81
Wein aus Südtirol, Fa. Tübke & Partner, München: 21
Sigloch Edition, Künzelsau: 32, 34, 58, 70, 84
Komplettbüro, München: 37, 44, 65, 68
Robert Bosch Hausgeräte GmbH, München: 38, 40, 54
Niederl. Büro f. Milcherzeugnisse, Aachen: 60, 93
Vitri GmbH, Mühltal: 74
Knorr-Maizena, Heilbronn: 87

Autoren und Verlag danken den oben genannten Unternehmen für die umfangreiche Bereitstellung des Bildmaterials.

Design u. Produktion: Verlagsbüro Fritz Petermüller, Siegsdorf.
Lektorat: Ursula Calis, München.
Satz: Agentur für Satz & Typographie, Grassau.
Lithos: Colorline, Verona.
Druck u. Bindung: NewPrint, Trento.

© **KOMPASS-Karten GmbH**
Rum/Innsbruck
Fax 0043(0)512/265561-8
e-mail: kompass@kompass.at
http://www.kompass.at
Verlagsnummer 1709
ISBN 3-85491-752-X
2. Auflage 2001

# Spezialitäten!

## KOMPASS-Küchenschätze

*Erhältlich im Buchhandel und am Kiosk!*